AIRBUS A320

Systembeschreibung

Conforti, Facundo Jorge
 / Facundo Jorge Conforti. - 1a ed. - Mar del Plata : Facundo Jorge Conforti, 2019.
 190 p. ; 21 x 14 cm. - (How does it work? ; 19)

 1. Aeronáutica. 2. Inglés Técnico. 3. Enseñanza de la Traducción. I. Título.
 CDD 420.7

Urheberrecht © Facundo Conforti, 2024.

Der gesetzlich vorgeschriebene Hinterlegungsvermerk gemäß Gesetz 11.723 wurde vorgenommen.

Buchausgabe: Argentinien.

Die vollständige oder teilweise Vervielfältigung, Speicherung, Vermietung, Übertragung oder Bearbeitung dieses Buches in jeglichem Format oder mit jeglichem Medium, sei es elektronisch oder mechanisch, einschließlich Fotokopien, Digitalisierung oder anderer Methoden, ist ohne vorherige schriftliche Genehmigung des Herausgebers nicht gestattet. Verstöße werden gemäß den Gesetzen 11.723 und 25.446 geahndet.

Einleitung

Das Ziel dieses Buches ist es, jedem Leser die Systeme eines A320 näherzubringen, um deren normale Funktionsweise zu studieren und zu verstehen, was im Flugzeug passiert, während es von den Piloten aus dem Cockpit betrieben wird. Wir beginnen mit den allgemeinen Informationen über das Flugzeug und gehen dann schrittweise durch die einzelnen Systeme, beginnend mit den einfacheren und endend mit den komplexeren. Es sollte angemerkt werden, dass in diesem Handbuch nur die normalen Betriebsabläufe jedes Systems behandelt werden, während die Fehlerbehebung und der abnormale Betrieb jedes Systems ausgelassen werden.

Das Buch ist in vier Kapitel unterteilt und behandelt alle Systeme, die das meistverkaufte und häufigste kommerzielle Flugzeug der letzten Jahre ausmachen.

Inhaltsverzeichnis

Systeme 1

Einleitung	09
Beleuchtung	15
Kommunikation und Recorder	17

-Systeme 2

Luftkonditionierung	25
Pneumatik	35
Eis- und Regenabwehr	41
Sauerstoff	43
APU (Hilfstriebwerk)	46
Druckkabine	49

Systeme 3

ECAM	57
EFIS	66
Kraftstoffsystem	82
Feuerlöschsystem	86
Triebwerksystem	91

Systeme 4

Autopilot	99
Hydraulik	115
Elektrische Systeme	118
Landesfahrwerks system	126
Navigation	130
Flugsteuerung	138

Lass uns fliegen!

    Lass uns fliegen!   147

Systeme 1

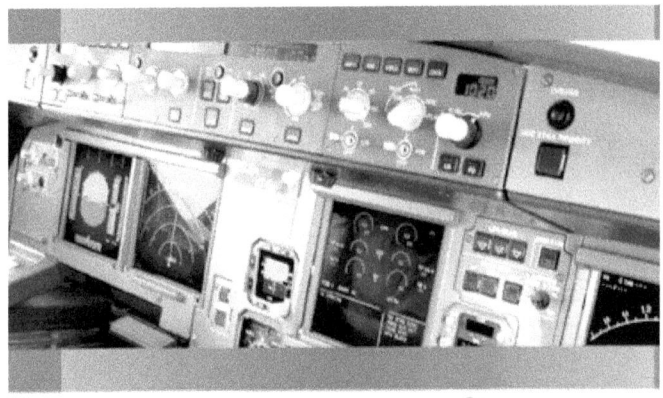

Einleitung

Die A320-Familie ist die fortschrittlichste Familie von einstrahligem Flugzeugen, die heute im Einsatz ist, mit Fly-by-Wire-Flugsteuerungen. Die A319, A320 und A321 sind zweimotorige, subsonische Mittelstreckenflugzeuge. Die Familie bietet eine Auswahl zwischen zwei Triebwerksherstellern: International Aero Engines und CFM International.

Mit einem maximalen Startgewicht (MTOW) von 73,5 t beträgt die Reichweite des A320 2900 NM, wie oben gezeigt.

- Für die A319, mit einem MTOW von 64 t, beträgt die Reichweite 3000 NM.
- Für die A321, mit einem MTOW von 83 t, beträgt die Reichweite 2700 NM.

Die Kabine ist mit maximal 145 Sitzen für die A319, 180 Sitzen für die A320 und 220 Sitzen für die A321 ausgestattet. Schauen wir uns die Hauptabmessungen des A320 an. Die A319 und A321 haben genau die gleichen Abmessungen, mit folgenden Unterschieden:

- Die A319 ist etwa 4 m kürzer,
- Die A321 ist etwa 7 m länger.

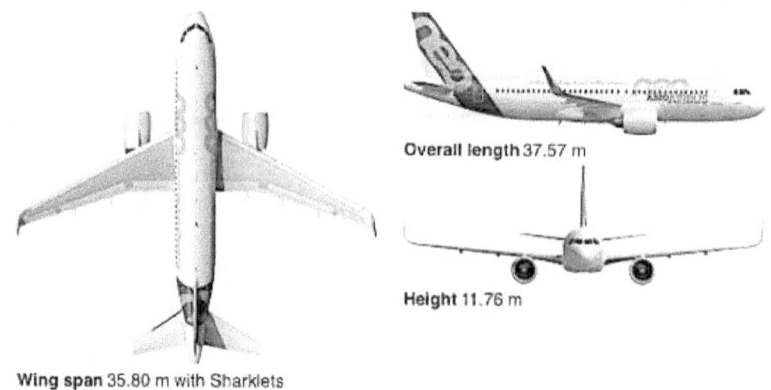

Unbelüftete Bereiche

Die folgenden Bereiche sind unbelüftet: Der Heckkonus, das Hauptfahrwerksfach, die Klimaanlagen-Packs, das Bugfahrwerksfach und der Radom. Schauen wir uns das genauer an:

Kommunikationsantennen

Lassen Sie uns kurz mit der Lage der Kommunikationsantennen vertraut machen: VHF 1, VHF 2, VHF 3 und HF 1/2.

Navigationsantennen

Nun werfen wir einen Blick auf die Lage der Navigationsantennen:

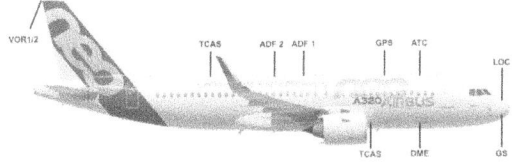

Frachträume

Es gibt zwei Frachträume: einen vorderen Frachtraum und einen hinteren Frachtraum. Die Größe des Rumpfes bietet Platz für Standardcontainer.

Das Cockpit

Das Cockpit ist für den Betrieb durch eine zweiköpfige Crew mit ein oder zwei Beobachtungssitzen ausgelegt.

Das Überkopfpanel wird während des Preflights verwendet, um zu überprüfen, dass alle Lichter aus sind (Philosophie des dunklen Cockpits), und im Flug, um Notfall- oder Abnormalsituationen durchzuführen.

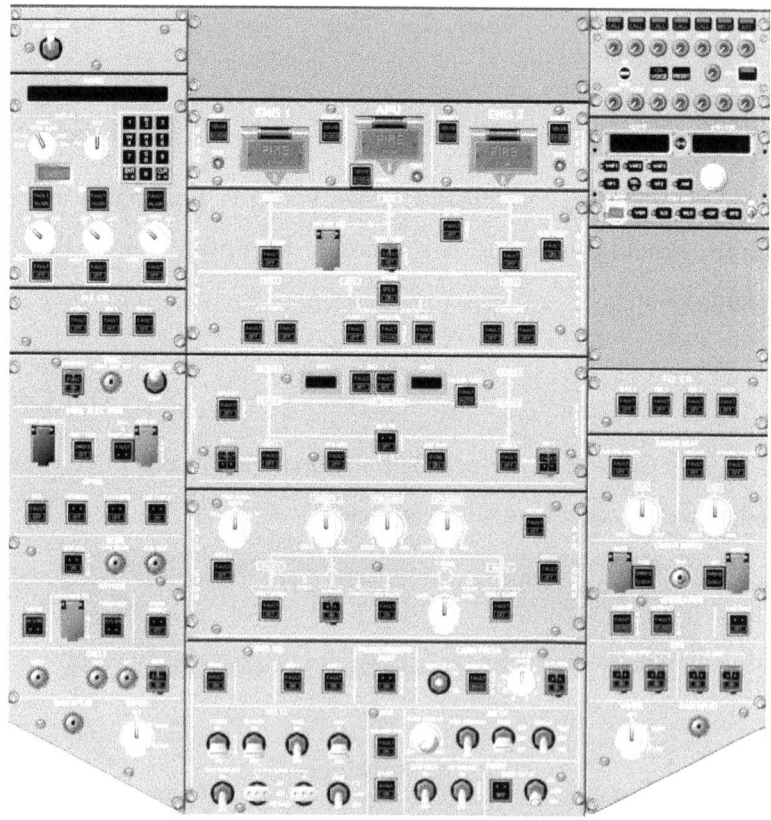

Das Glareshield wird von den Piloten für die Flugführung und das kurzfristige Flugmanagement verwendet. Es dient auch der Steuerung der elektronischen Fluginstrumente.

Das Instrumentenpanel liefert dem Piloten die folgenden Informationen: Fluginformationen über das Elektronische Fluginstrumentensystem (EFIS) und Standby-Instrumente, System Informationen über das ECAM.

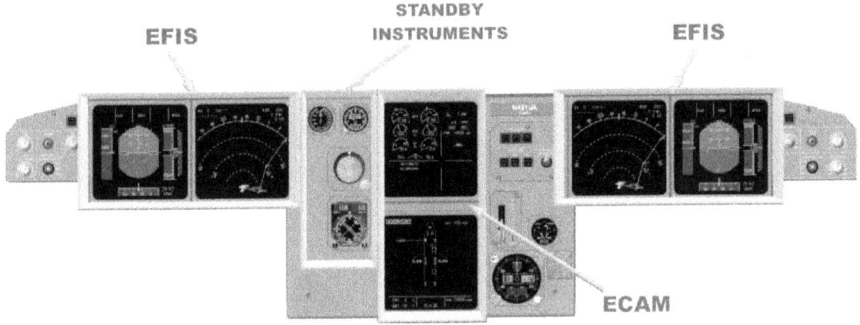

Der Pedestal enthält die Steuerungen, die normalerweise in herkömmlichen Flugzeugen zu finden sind: Funkkommunikation, Klappen, Geschwindigkeitsbremsen, Triebwerkssteuerungen. Er umfasst auch das ECAM-Kontrollpanel und die Multifunktionalen Steuer-Display-Einheiten (MCDU), die die langfristige Schnittstelle mit dem Flugmanagement- und Führungssystem darstellen.

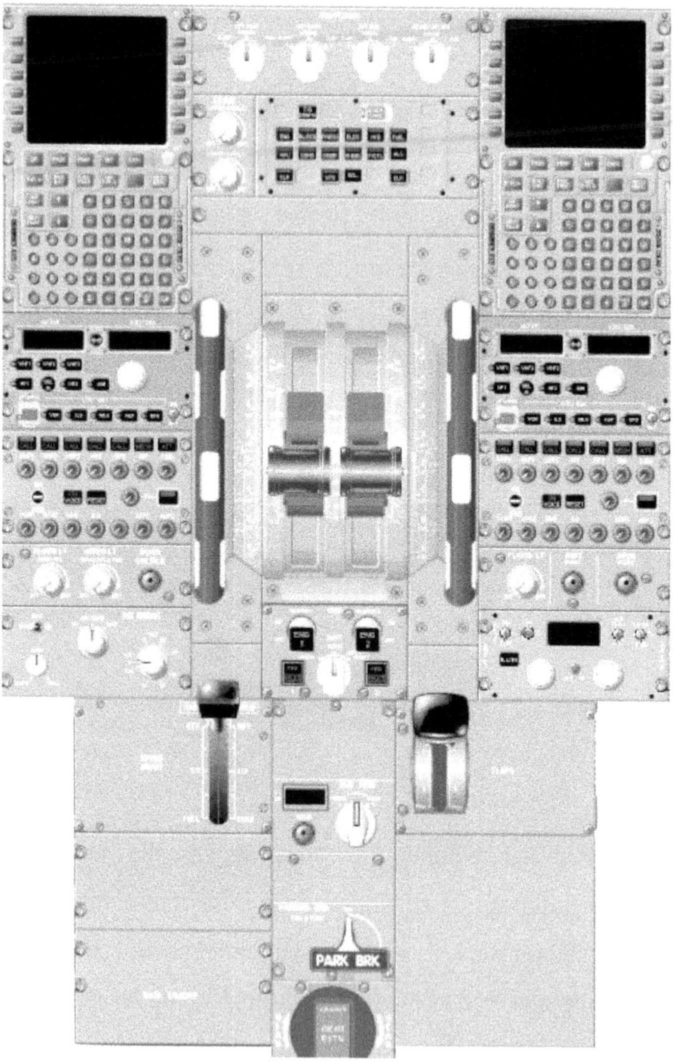

Das Flugzeug wird manuell mit entweder einem Seitensteuerhorn (Side Stick) geflogen. Diese befinden sich an der linken und rechten Seite des Cockpits.

Einleitung

Das Beleuchtungssystem umfasst vier Bereiche: Cockpitbeleuchtung, Außenbeleuchtung, Kabinenschilder und Notbeleuchtung. Das Cockpit-Beleuchtungssystem kann unterteilt werden in: Panel- und Instrumentenbeleuchtung, allgemeine Cockpitbeleuchtung, Umgebungsbeleuchtung.

Die Steuerungen für die Panel- und Instrumentenbeleuchtung befinden sich auf drei verschiedenen Panels und unter dem Glareshield.

Das Cockpit-Beleuchtungssystem sorgt auch für die allgemeine Cockpitbeleuchtung. Zwei Kuppelleuchten, die an der Cockpitdecke angebracht sind, stellen die Hauptquelle für die Cockpitbeleuchtung dar.

Das Cockpit-Beleuchtungssystem sorgt auch für die allgemeine Cockpitbeleuchtung. Zwei Kuppelleuchten, die in der Cockpitdecke eingebaut sind, stellen die Hauptquelle der Cockpitbeleuchtung dar.

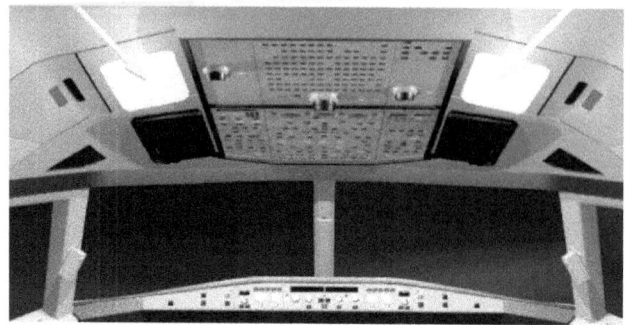

Seitenkonsole-Leuchten ermöglichen es den Piloten, die Seitenkonsolen, die Aktentaschenbereiche und den Boden um die Pilotensitze zu beleuchten.

Die Steuerungen für die Seitenkonsole-Beleuchtung befinden sich auf den MISCELLANEOUS Panels, die sich an der linken und rechten Seite des Hauptpanels befinden.

Zusätzlich sind zwei Kartenleselampen vorhanden, eine auf jeder Seite des Cockpits, die normalerweise von den Piloten zum Lesen von Karten und Dokumenten verwendet werden.

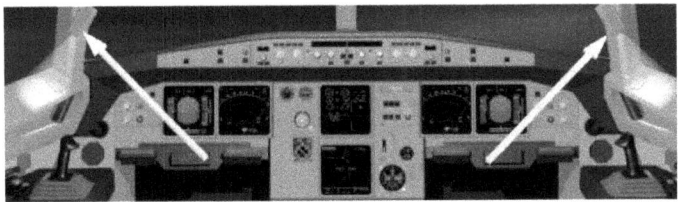

Das Außenbeleuchtung system besteht aus Taxi, Abblend, Navigations-, Stroboskop, Signal-, Flügel-, Start- und Lande beleuchtung. Die Steuerungen für all diese Lichter befinden sich auf dem EXT LT-Panel, das sich im Überkopfpanel befindet.

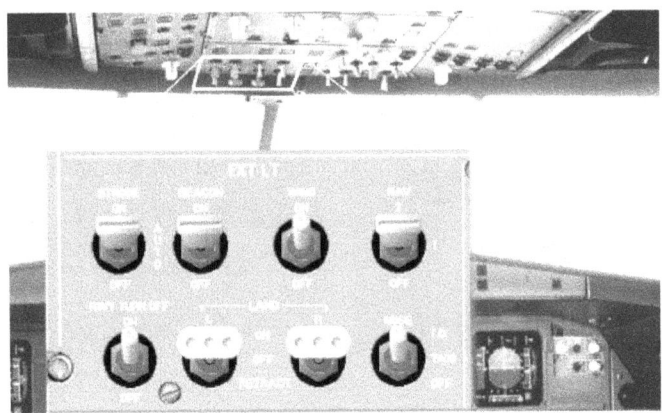

Kommunikationssystem & Recorder

Das Kommunikationssystem ermöglicht es der Besatzung, über VHF- und HF-Funkgeräte mit anderen Stationen zu sprechen. Es ermöglicht auch die Kommunikation mit einem Bodenmechaniker.

Es gibt zwei Kommunikationssysteme vom Cockpit zur Kabine: Das Passagieransage system (PA) für Durchsagen an die Passagiere und das Kabenenintercom System, um mit einem Kabinenmitarbeiter zu sprechen. Der Cockpit Voice Recorder (CVR) ist ebenfalls im Kommunikationssystem enthalten.

Die Steuerung aller Funkkommunikationen erfolgt über die Radio Management Panels (RMP) und Audio Control Panels (ACP).

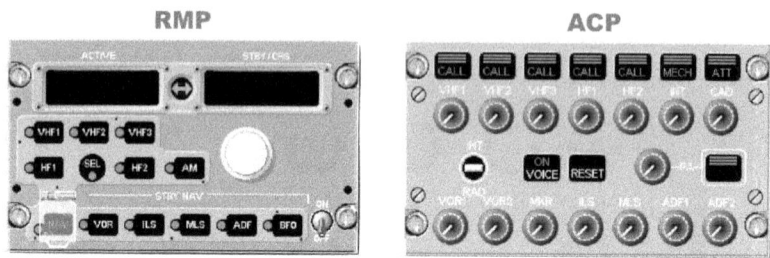

Die RMPs ermöglichen das Abstimmen aller Funkgeräte. Es gibt zwei RMPs, die sich auf dem mittleren Pedestal befinden, und ein optionales drittes RMP auf dem Überkopfpanel. Der ON/OFF-Schalter steuert die Stromversorgung. Die Funkwahl-Tasten ermöglichen es dem Piloten, ein Funkgerät auszuwählen und eine Frequenz zu ändern. Das ACTIVE-Fenster zeigt die aktive Frequenz an. Das Standby (STBY)-

Fenster zeigt die Standby-Frequenz an. Der doppelte Drehregler ermöglicht es dem Piloten, die STBY-Frequenz zu ändern. Der äußere Regler für die Megahertz und der innere Regler für die Dezimalstelle. Die Transfer-Taste tauscht die STBY- und ACTIVE-Frequenzen aus.

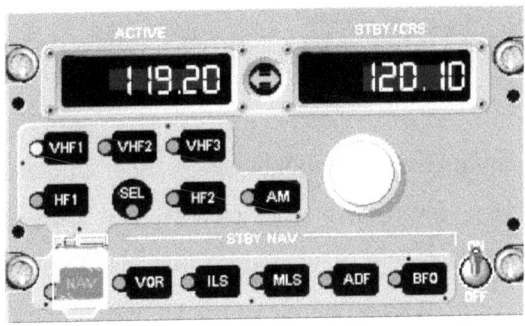

Es gibt drei ACPs, die jeweils neben einem RMP platziert sind: zwei auf dem mittleren Pedestal und ein optionales drittes auf dem Überkopfpanel. Schauen wir uns die verschiedenen Steuerungen des ACP an. Die Übertragungstasten ermöglichen die Auswahl eines beliebigen Funk- oder Intercom Systems. Ein grünes Licht leuchtet auf der ausgewählten Taste auf. Es kann immer nur eine Übertragungstaste gleichzeitig ausgewählt werden.

Das CALL-Licht blinkt in Amber und ein Summer ertönt, wenn ein SELCAL über das entsprechende Funkgerät (VHF oder HF) empfangen wird. Das MECH-Licht blinkt in Amber und ein Summer ertönt, wenn ein Anruf vom Bodenmechaniker eingeleitet wird. Das ATT-Licht blinkt in Amber und ein Summer ertönt, wenn ein Anruf von einer beliebigen Flugbegleiterstation über das Kabinenintercom-System erfolgt. Die RESET-Taste schaltet den Summer aus und löscht das blinkende Amber-Licht, das mit einem dieser Anrufe verbunden ist.

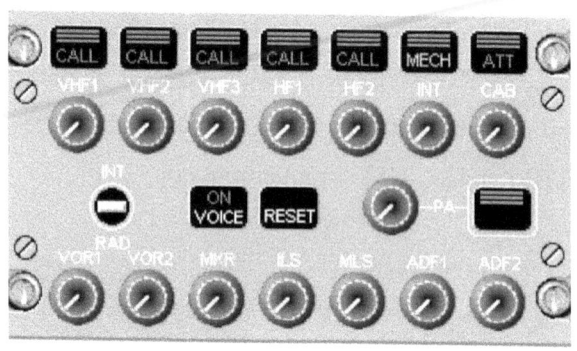

Die Empfangsregler ermöglichen es dem Piloten, die Lautstärke der folgenden Systeme auszuwählen und anzupassen: Kommunikationsfunkgeräte, Navigationshilfen, das Intercom und das PA-System. Wenn der Regler herausgedrückt wird, wird das jeweilige Funkgerät oder Intercom ausgewählt, der Regler leuchtet weiß und durch Drehen kann die Lautstärke eingestellt werden. Es können gleichzeitig beliebig viele Auswahlmöglichkeiten getroffen werden. Das CALLS-Panel ermöglicht es der Cockpit-Besatzung, einen Bodenmechaniker oder die Kabinenbesatzung anzurufen.

Wenn der MECH-PB (Taster) gedrückt wird, leuchtet ein Licht auf dem externen Strompanel und ein Horn ertönt, um den Bodenmechaniker zu

alarmieren. Wenn entweder der FWD- oder AFT-PB gedrückt wird, erscheint eine „CAPTAIN CALL"-Nachricht an der entsprechenden Kabinenstation und ein Hoch-/Tief-Ton ertönt in der Kabine. Wenn der optionale ALL-PB gedrückt wird, erscheint eine CAPTAIN CALL"-Nachricht an allen Kabinenstationen und ein Hoch-/Tief-Ton ertönt in der Kabine.

Wenn der Notruf-PB-Schalter aktiviert wird, blinkt das ON-Licht weiß und das CALL-Licht blinkt amber. Eine Notruf Nachricht erscheint an allen Kabinenstationen und drei Hoch-/Tief-Töne ertönen durch alle Kabinenlautsprecher. Wenn ein Notruf aus der Kabine eingeleitet wird, blinkt das ON-Licht weiß, das CALL-Licht blinkt amber und drei lange Summer ertönen im Cockpit.

Der Cockpit Voice Recorder (CVR) wird verwendet, um alle Kommunikationen und akustischen Warnungen im Cockpit aufzuzeichnen. Nur die letzten zwei Stunden der Aufzeichnung werden gespeichert. Der CVR wird über das RCDR-Panel gesteuert.

Der CVR kann mit dem GND CTL-PB-Schalter gesteuert werden. Der CVR ERASE-Drucktaster ermöglicht das vollständige Löschen des Speichers. Der CVR TEST-Drucktaster ermöglicht es, den CVR zu testen. Sie haben die Möglichkeit, diesen Test im normalen Betrieb zu üben.

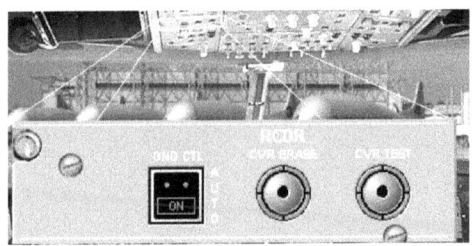

Systeme 2

Luftkonditionierung

Wie die meisten Systeme im A320 ist das Klimaanlagensystem vollständig automatisch und wurde entwickelt, um eine komfortable Atmosphäre zu bieten, in der man arbeiten und reisen kann.

Wir beginnen unsere Untersuchung des Systems, indem wir uns zuerst die Klimaanlagen-Packs anschauen. Der A320 ist mit zwei Klimaanlagen-Packs ausgestattet, die im Bereich des Flügelansatzes vor dem Fahrwerksfach angeordnet sind.

Heißluft aus dem Triebwerk tritt über ein Pack Flow Control Valve (Packflussregelventil) in das Pack ein. Der Zweck dieses Ventils ist es, die Durchflussrate durch das Pack zu regulieren.

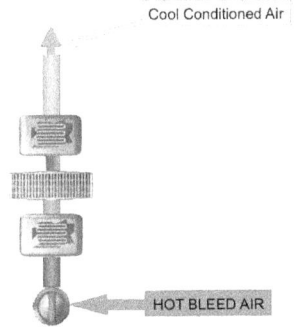

Die Luft durchläuft dann mehrere Stufen innerhalb des Packs, die die Luft schrittweise abkühlen, um eine konditionierte Luftabgabe zu erzeugen. Tatsächlich können Temperaturen unter dem Gefrierpunkt erreicht werden.

Zwei der Stufen sind Wärmetauscher, die eine Strömung von Umgebungsluft nutzen, um die heiße Bleed-Luft zu kühlen. Diese Luft strömt über einen Pack-Einlasskanal ein und verlässt das System über einen Auslasskanal.

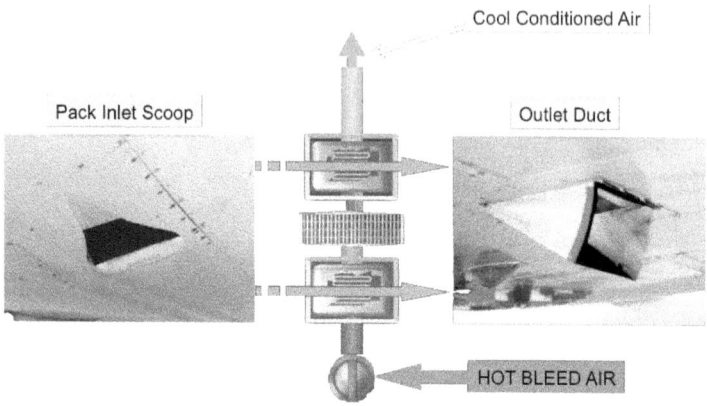

Damit die Ausgangstemperatur des Packs angepasst werden kann, ist ein By-pass-Ventil eingebaut. Dieses Ventil ermöglicht es, wärmeres Luft mit der kalten Luft zu mischen. Das Pack Flow Control Valve und das By-pass-Ventil werden von einem Pack Controller geregelt, um die Durchflussrate und die Temperaturabgabe zu variieren.

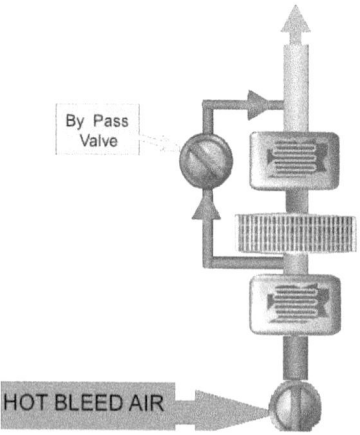

Der Pack Controller steuert auch den Einlasskanal und den Auslasskanal, um die Menge an Luft, die über die Wärmetauscher strömt, zu variieren. Um die Aufnahme von Fremdkörpern zu vermeiden, schließen sich der Einlasskanal und der Auslasskanal während des Starts und der Landung vorübergehend.

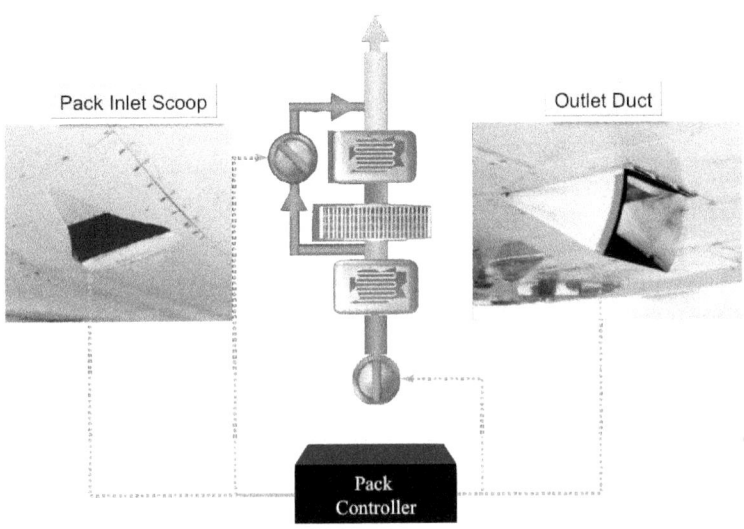

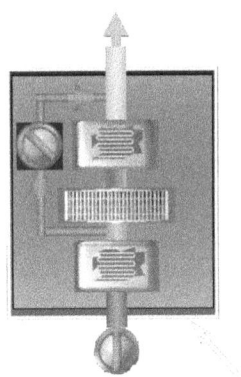

Um es einfacher zu machen, definieren wir den Bereich innerhalb des gelben Rahmens als ein Pack.

Die beiden Klimaanlagen-Packs arbeiten automatisch und unabhängig voneinander, um kühl konditionierte Luft bereitzustellen.

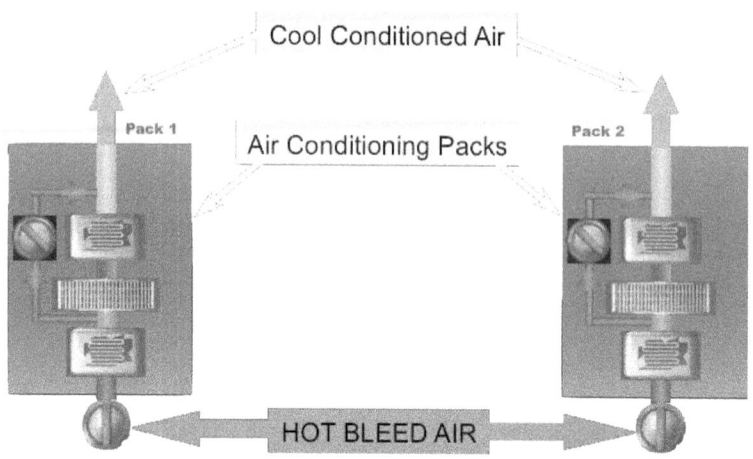

Die konditionierte Luft aus den Packs wird dann an eine Mischkammer (Mixing Unit) weitergeleitet.

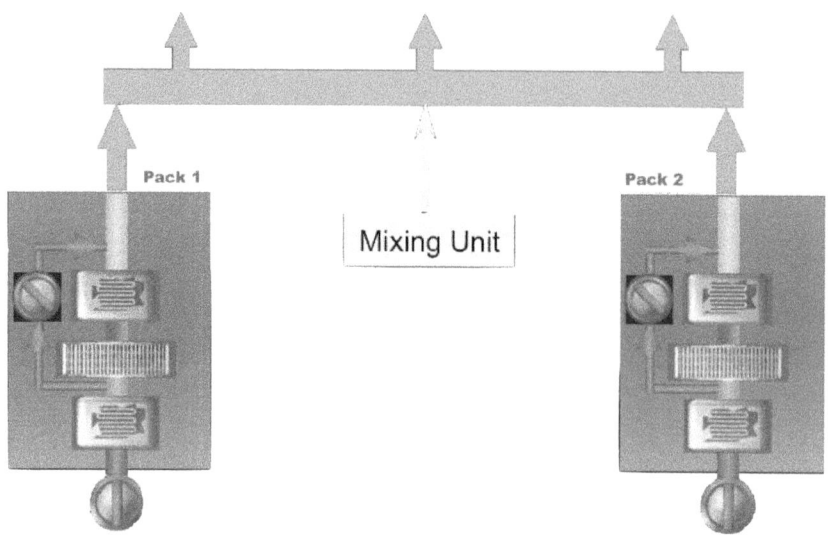

Im Falle eines Ausfalls beider Packs wird Ram Air über ein Ram Air Valve bereitgestellt. Wir werden den Einsatz von RAM AIR im Modul für abnormale Betriebszustände betrachten.

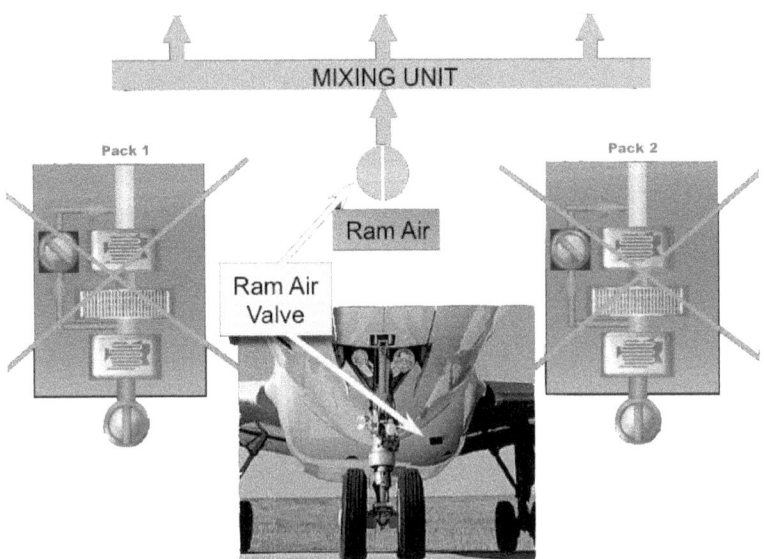

Verschiedene Pack-Parameter werden von ECAM überwacht. Diese sind: Packdurchfluss, Kompressor Ausgangstemperatur, By-pass-Ventilstellung, Pack Ausgangstemperatur.

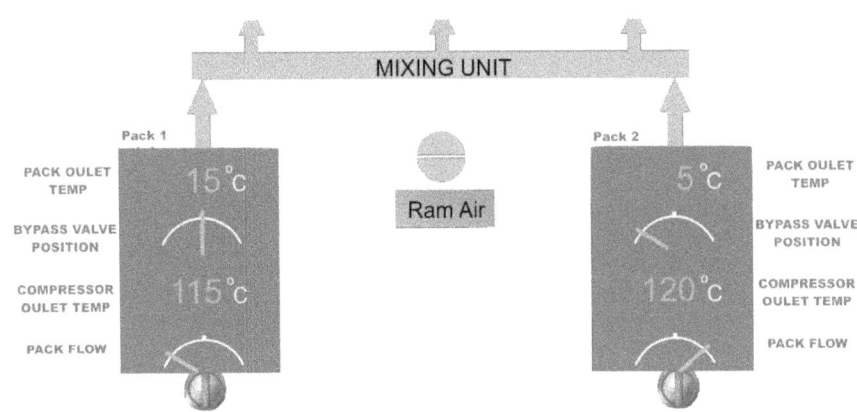

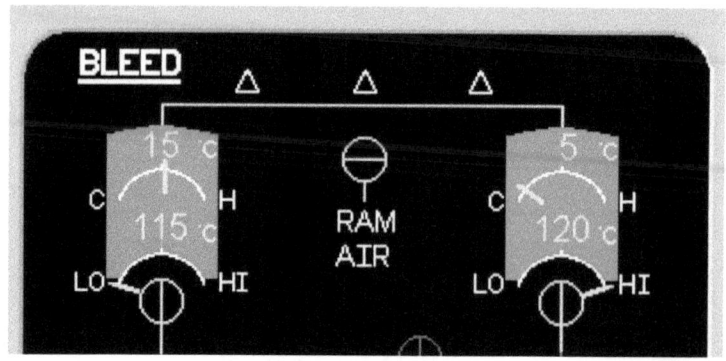

Diese Parameter zusammen mit den Ventilstellungen werden im oberen Bereich der ECAM BLEED-Seite angezeigt. Nachdem wir die Klimaanlagen-Packs besprochen haben, schauen wir uns nun an, wie die Temperatur- und Durchflussregelung im gesamten Flugzeug erreicht wird.

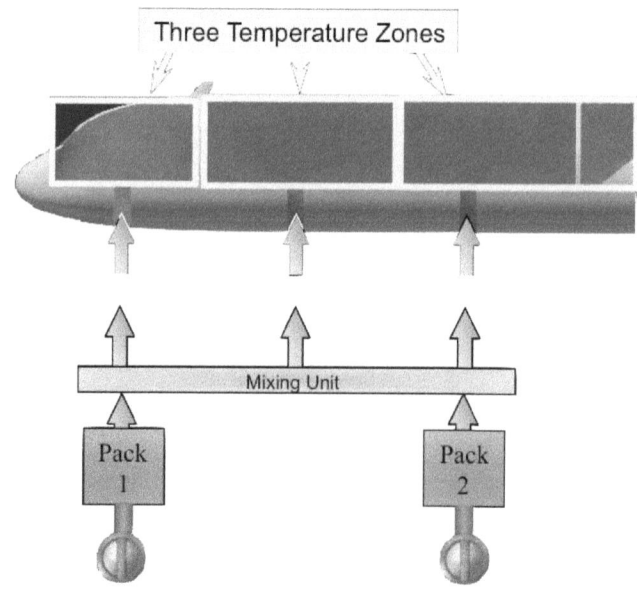

Die drei Ausgänge der Mischkammer versorgen drei separate Flugzeugzonen: Cockpit, vordere Kabine und hintere Kabine. Schauen wir uns an, wie die Temperatur der Zonen geregelt wird. Ein Zone Control Computer überwacht die Temperaturen der drei Zonen und sendet Signale an die Pack Controller, um die Lufttemperatur, die von den Packs geliefert wird, einzustellen.

Normalerweise wird kalte Luft von den Packs geliefert und dann an die drei Zonen weitergeleitet.

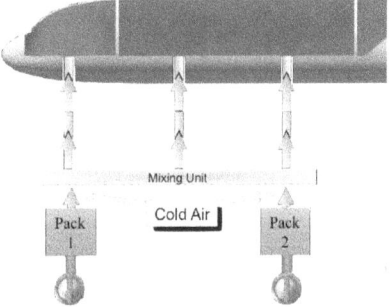

Da die verschiedenen Bereiche des Flugzeugs möglicherweise unterschiedliche Mengen an Kühlung oder Heizung benötigen, kann heiße Bleed-Luft über Trim-Air-Ventile hinzugefügt werden, um die gewünschte Temperatur für eine Zone zu erreichen.

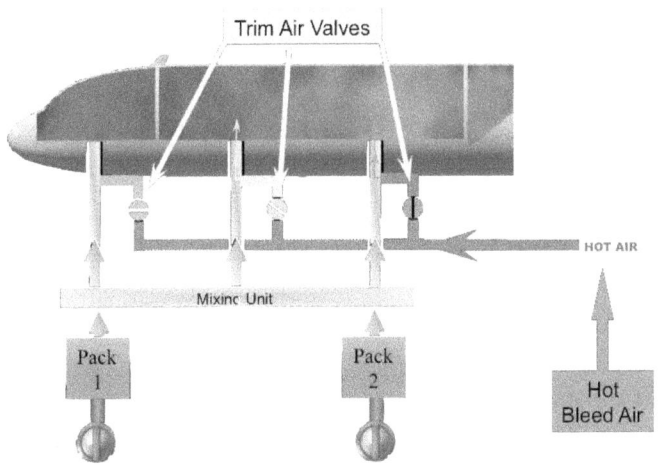

In diesem gezeigten Beispiel: Es wird keine heiße Luft in die Cockpit-Zone zugeführt, etwas heiße Luft wird in die vordere Kabinenzone zugeführt, und viel heiße Luft wird in die hintere Kabinenzone zugeführt.

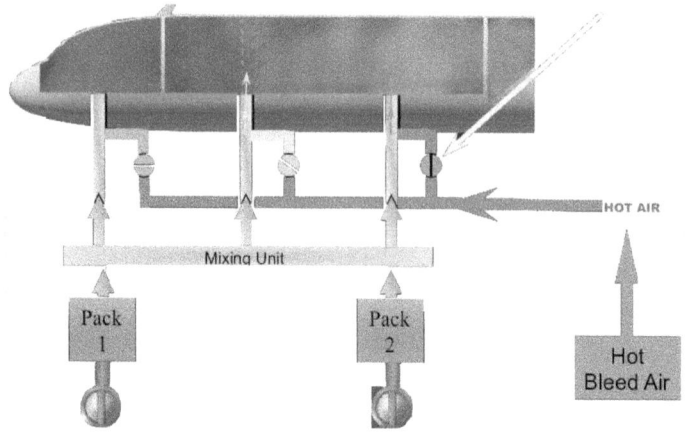

Die Trim-Air-Ventile werden über ein Hot-Air-Ventil versorgt. Der Zweck dieses Ventils ist es, den Druck der heißen Luft, die an das Trim-System geliefert wird, zu regeln und als Absperrventil zu fungieren.

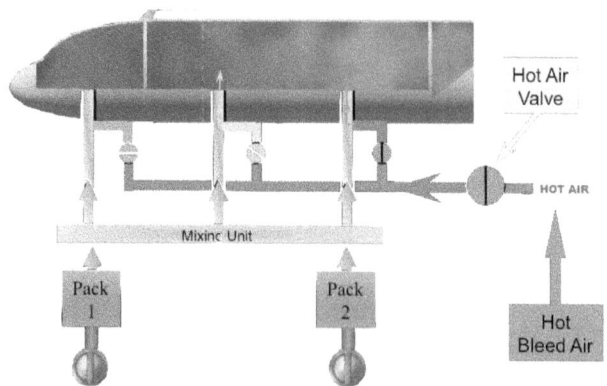

Die heiße Bleed-Luft wird dem Hot-Air-Ventil direkt hinter den Pack-Flow-Ventilen zugeführt. Das bedeutet, dass, wenn die Pack-Flow-Ventile geschlossen sind, keine Luft an das Trim-System geliefert wird. Das Hot-Air-Ventil und die Trim-Air-Ventile werden automatisch schließen.

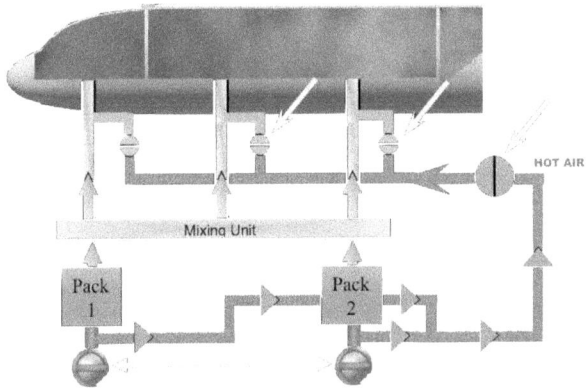

Die Trim-Air-Ventile und das Hot-Air-Ventil werden vom Zone Control Computer gesteuert.

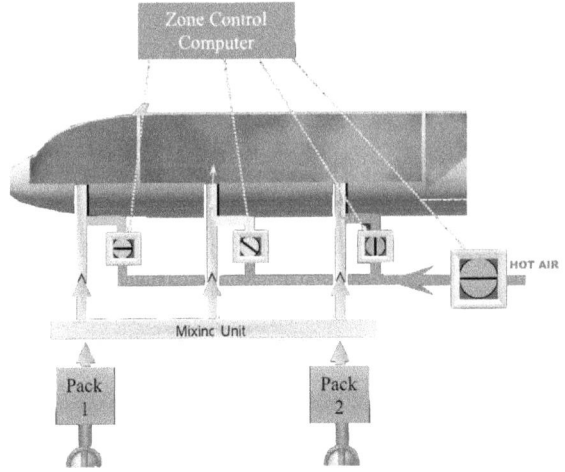

Die Zonentemperatur des Kanals (Zone Duct Temperature), also die Temperatur der Luft, die in eine Zone eintritt, und die tatsächliche Zonentemperatur werden vom Zone Control Computer überwacht und auf dem ECAM angezeigt.

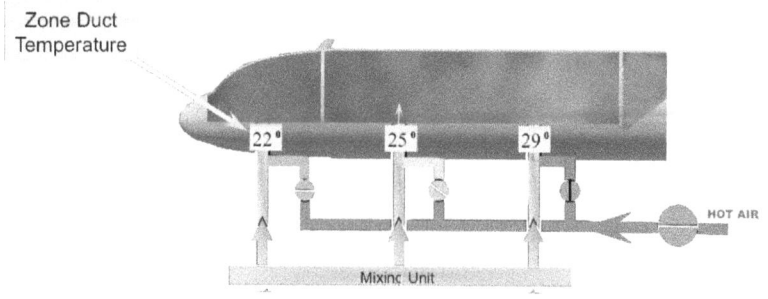

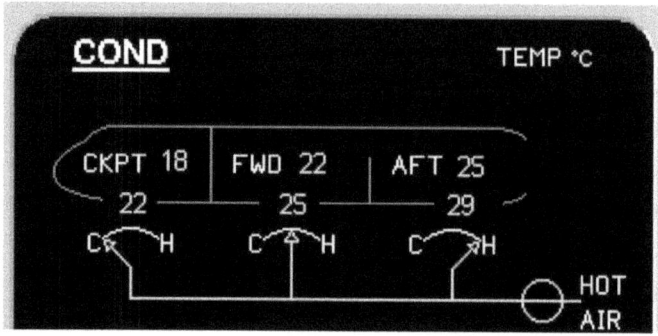

Am Überkopfpanel gibt es ein AIR COND-Panel, das dem Piloten die Steuerung des Klimaanlagen systems ermöglicht. Schauen wir uns die Steuerungen auf diesem Panel etwas genauer an.

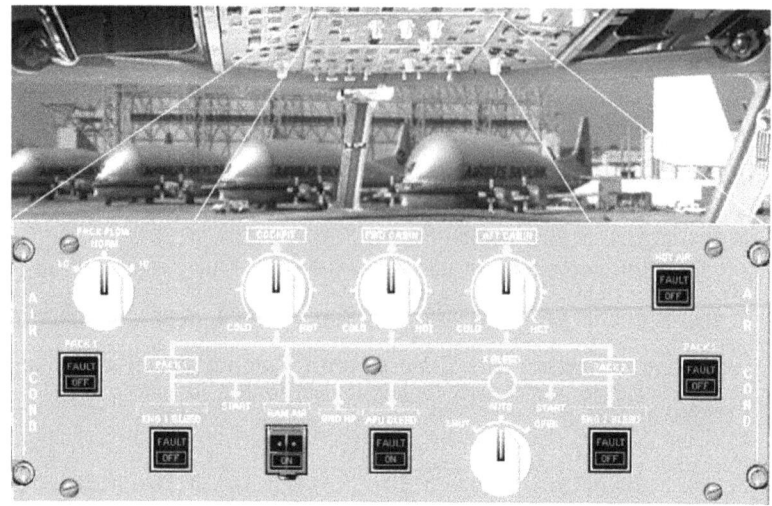

Die PACK FLOW-Schalter steuern die zugehörigen Pack-Flow-Regelventile.

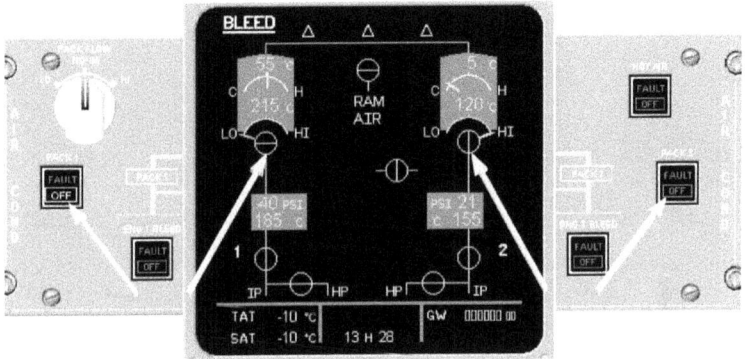

Die Zone Temperature Selectors (Zonen-Temperaturwähler) werden verwendet, um die erforderliche Temperatur für eine zugehörige Zone einzustellen.

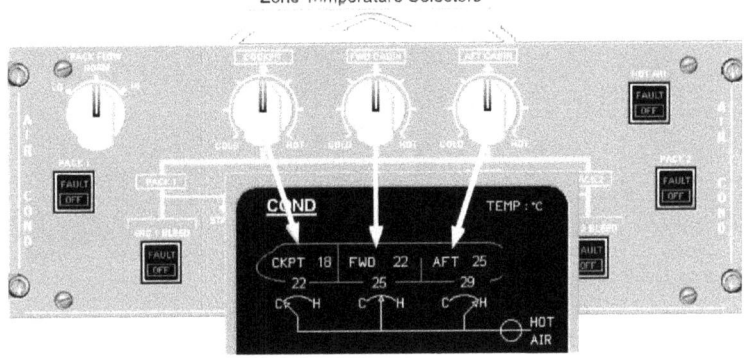

Pneumatik

Das Pneumatik system des A320 liefert Druckluft für: Klimaanlage, Flügel-Enteisung, Wasserpressurisierung, Hydraulikbehälter, Kabinendruck regelung und Triebwerksstart.

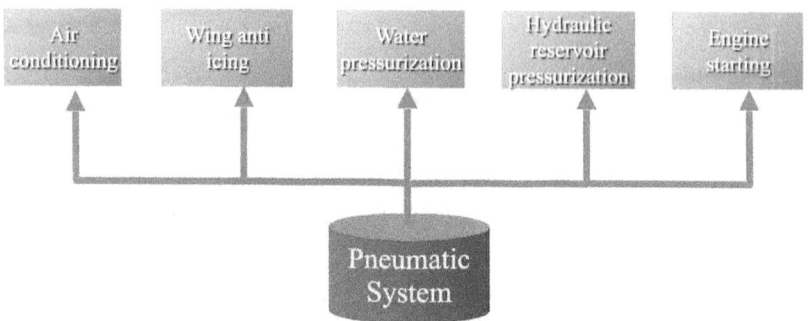

Druckluft kann aus drei Quellen bereitgestellt werden: dem Triebwerksabluft system, der APU und einer externen Hochdruck-Bodenstromquelle.

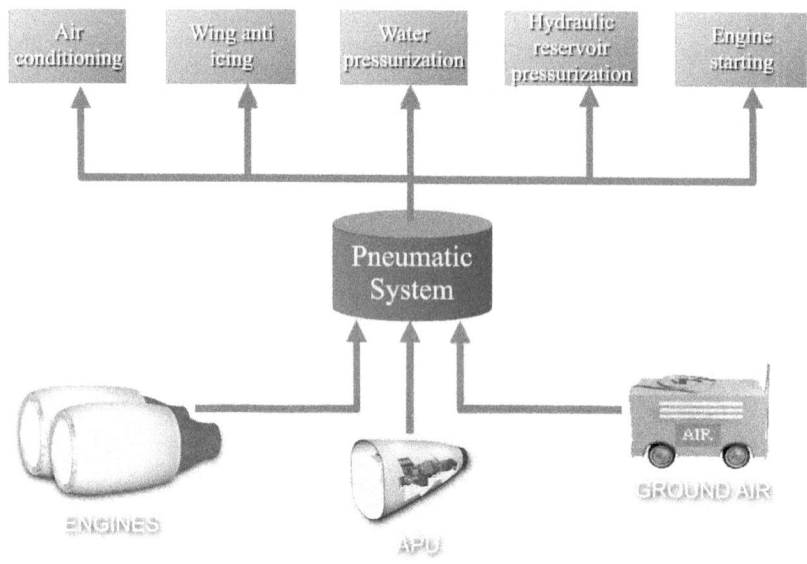

Das Pneumatiksystem wird von 2 Abluftüberwachungs computern (BMC) gesteuert und überwacht. Es gibt einen BMC für jedes Triebwerksabluftsystem. Beide BMC sind miteinander verbunden, und wenn einer ausfällt, übernimmt der andere die meisten seiner Funktionen.

Es sind Luftleckage erkennungs Schleifen in der Nähe der Heißluftkanäle im Rumpf, den Tragflächen und den Pylonen installiert. Wird eine Leckage erkannt, wird ein Signal an den BMC gesendet, der automatisch den betroffenen Bereich isoliert. Im Flug ist die primäre Quelle für Druckluft die Triebwerke. Beide Triebwerks abluftsysteme sind ähnlich

Die Druckluft wird aus zwei Verdichterstufen des Triebwerks abgenommen: dem Intermediate-Pressure-(IP)-Anschluss und dem High-Pressure-(HP)-Anschluss.

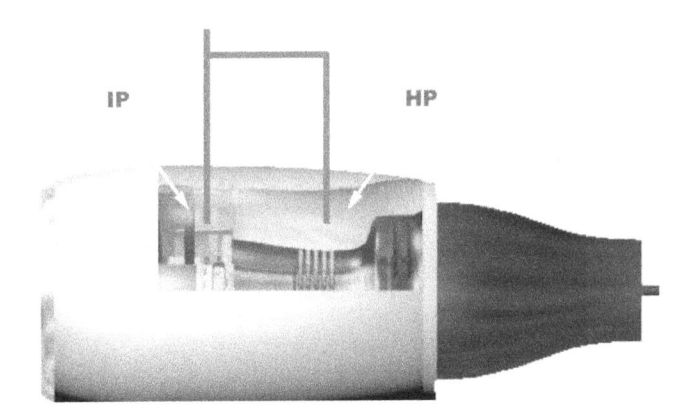

Es gibt ein HP-Ventil, das die Abluft vom Hochdruckanschluss absperren kann. Es wird automatisch vom System gesteuert. Der Hochdruckbereich (HP) wird nur verwendet, wenn der Druck aus dem Zwischenanschluss (IP) nicht ausreicht, d. h. wenn die Triebwerke im Leerlauf sind. Sobald die

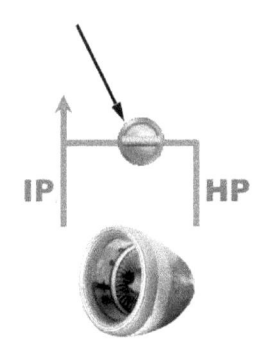

Triebwerksdrehzahl hoch genug ist, ist der IP-Druck ausreichend und das HP-Ventil schließt. Die aus dem Verdichter abgezogene Luft gelangt dann zu einem Abluftventil, das als Absperr- und Druckregelventil fungiert. Da die Temperatur der Abluft hoch ist, passiert sie einen Vorkühler, bevor sie an die Verbraucher verteilt wird. Der Vorkühler verwendet kalte Luft vom Triebwerkslüfter, um die Temperatur zu regulieren.

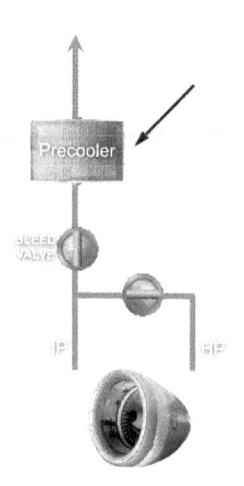

Triebwerk 2 (ENG 2) verfügt über ein identisches ABLUFTSYSTEM. Beide Systeme sind durch einen Kreuzabluftkanal miteinander verbunden. Ein Kreuzabluftventil ermöglicht deren Verbindung oder Isolierung

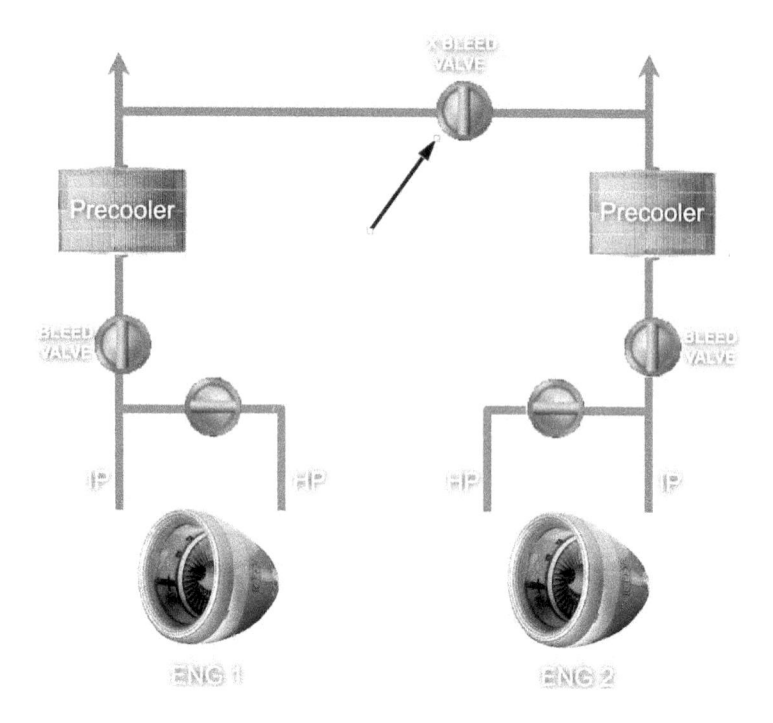

Die APU kann ebenfalls für die Versorgung mit ABLUFT verwendet werden. Dies geschieht in der Regel am Boden für die Klimaanlage und den Triebwerksstart. Allerdings steht APU-ABLUFT auch im Flug zur Verfügung. Die APU-ABLUFT wird durch das APU-Abluftventil gesteuert, das als Absperrventil fungiert. Sollte die APU nicht verfügbar sein, kann eine Hochdruck-Bodenstromquelle angeschlossen werden. Dies vervollständigt das Pneumatiksystem. Wir werden Ihnen nun zeigen, wie die Systeminformationen den Piloten angezeigt werden.

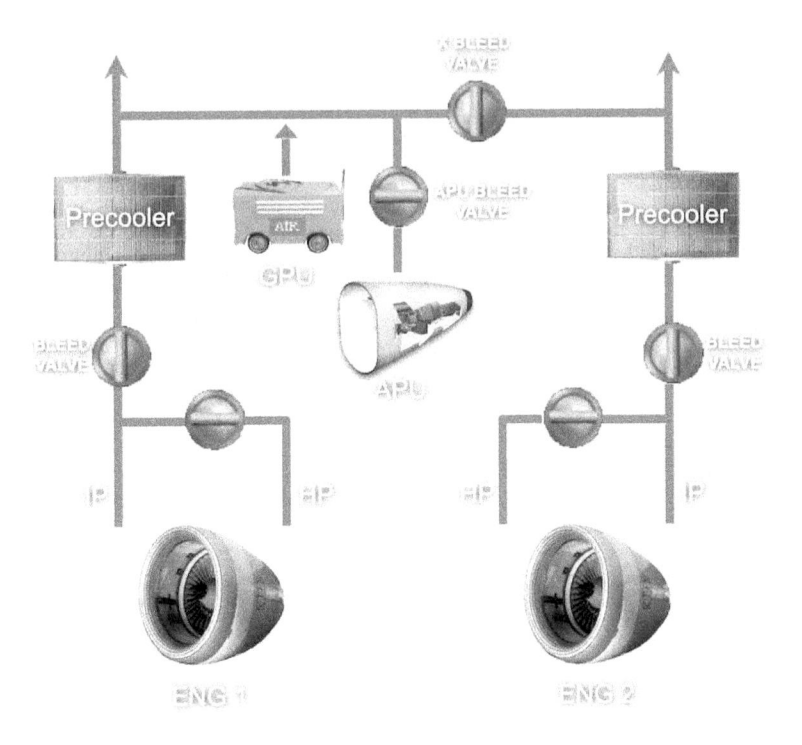

Das Pneumatiksystem wird auf der ECAM ABLUFT-Seite angezeigt. Informationen zum Pneumatiksystem werden im unteren Bereich der ECAM ABLUFT-Seite angezeigt.

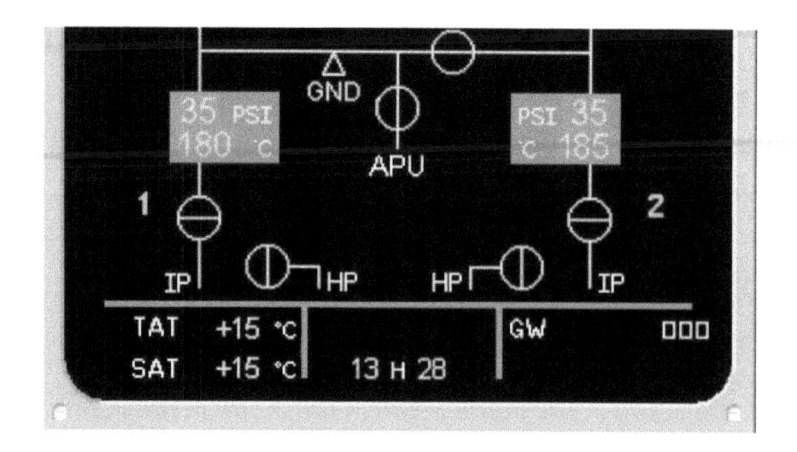

Die Steuerungen für das Pneumatiksystem gehören zum AIR COND Panel, das sich auf dem Überkopfpanel befindet. Auch hier haben wir die Steuerungen schattiert, die zum Kapitel KLIMAANLAGE gehören. Jedes Triebwerksabluftventil wird durch den entsprechenden Druckschalter (pb sw) auf dem AIR COND Panel gesteuert. Das APU-Abluftventil wird durch den entsprechenden Druckschalter (pb sw) gesteuerts.

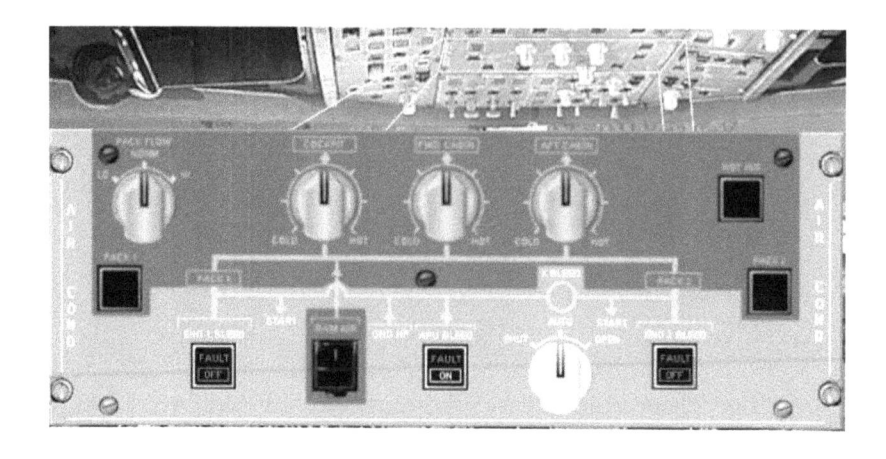

Eis- und Regenabwehr

Das Eis- und Regenschutzsystem ermöglicht den Betrieb unter Vereisungsbedingungen und bei starkem Regen. Für die Enteisung werden die kritischen Bereiche des Flugzeugs durch heiße Luft oder elektrische Heizung geschützt. Heißluft aus dem Pneumatiksystem wird für die Enteisung der drei äußeren Vorderkantenschlitze jedes Flügels bereitgestellt.

Jede Triebwerkseinlass wird durch eine unabhängige Abluft vom Hochdruckverdichter enteist. Die Luft wird durch das Triebwerks Enteisungsventil zugeführt. Im Falle eines Ausfalls der elektrischen Stromversorgung öffnet sich dieses Ventil automatisch.

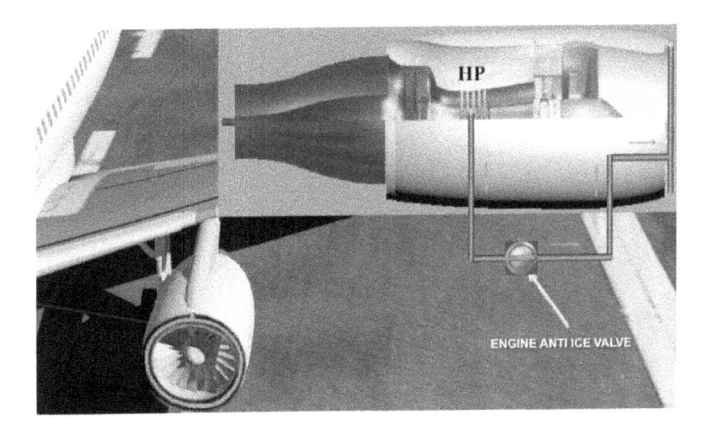

Elektrische Heizung wird für die Enteisung der Windschutzscheiben und das Beschlagen der Cockpit-Seitenfenster, der Anstellwinkel (AOA) Sonden, der Gesamtlufatmosphäre (TAT) Sonden, der Pitot-Sonden und der statischen Ports bereitgestellt. Wenn das elektrische System mit Strom versorgt wird, werden auch die Wasserabfluss abdeckungen elektrisch beheizt.

Das Eisdetektions system (sofern installiert) besteht aus zwei separaten Eiserkennungs detektoren, die im vorderen unteren Bereich des Rumpfes angebracht sind. Ein externer visueller Eisindikator mit integriertem Licht ist zwischen den beiden Windschutzscheiben installiert.

Alle Steuerungen für den Eis- und Regenschutz befinden sich auf dem Überkopfpanel. Die Crew steuert: die Enteisungsventile für die Tragflächen und Triebwerke über das ANTI ICE Steuerpanel und das gesamte elektrische Heizsystem über den PROBE/WINDOW HEAT Druckschalter (pb sw)."

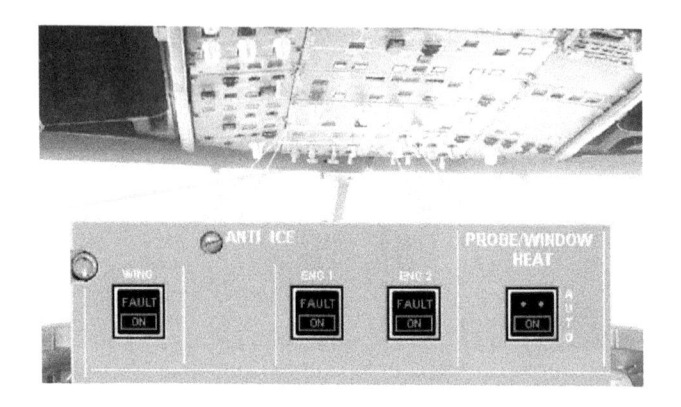

Elektrische Scheibenwischer sind für die Windschutzscheiben vorgesehen. Sie werden mit langsamer oder schneller Geschwindigkeit über den WIPER-Wahlschalter gesteuert, der sich auf den WIPER-Panels befindet. Die maximale Geschwindigkeit bei Verwendung der Scheibenwischer beträgt 230 Knoten.

Sauerstoff

Im A320 gibt es drei Sauerstoffsysteme: ein festes Cockpit sauerstoff system, bei dem sich alle Steuerungen im Cockpit befinden, ein festes Kabinensauerstoff system und ein tragbares Sauerstoffsystem im Cockpit und in der Kabine. (Für die Nutzung siehe das Kapitel Kabinensysteme).

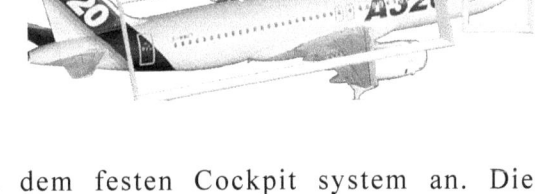

Fangen wir mit dem festen Cockpit system an. Die Sauerstoffmasken der Piloten befinden sich in einer Aufbewahrungsbox an beiden Seitenkonsolen. Drei oder vier Masken werden bereitgestellt, je nachdem, ob das Flugzeug mit einem oder zwei Beobachtersitzen ausgestattet ist.

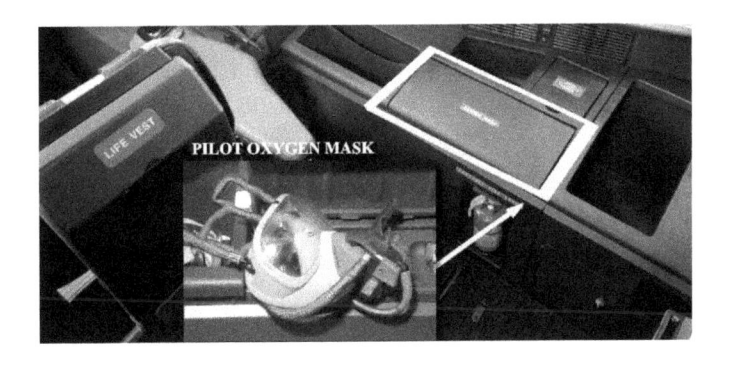

Die Sauerstoffmaske ist mit mehreren Steuerungen und Anzeigen ausgestattet. Werfen wir einen kurzen Blick auf diese Steuerungen: Die roten Griffe oder Auslösehebel ermöglichen es dem Piloten, die Maske aus ihrem Behälter zu holen, wenn sie gedrückt werden.

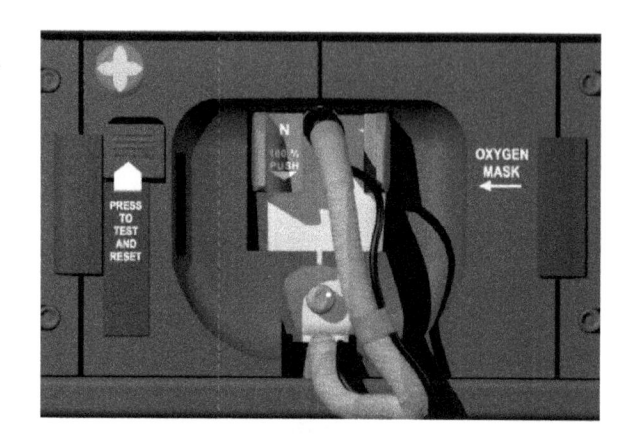

Der Blinkflussmesser leuchtet gelb, wenn Sauerstoff fließt. Der N / 100 %-Versorgungswähler ermöglicht es dem Piloten, entweder reinen Sauerstoff oder eine Mischung aus Kabinenluft und Sauerstoff auszuwählen. Der TEST- UND RESET-Schalter ermöglicht den Test des Sauerstoffflusses. Ein EMERGENCY-Druckwähler liefert, wenn er gedrückt wird, für einige Sekunden einen druckbeaufschlagten Sauerstofffluss. Wird er in die angezeigte Richtung gedreht, liefert er kontinuierlichen positiven Druck zur Maske. Sie werden Gelegenheit haben, alle diese Steuerungen zu bedienen und ein Video im Modul für den normalen Betrieb anzusehen.

Die Crew steuert das Sauerstoffsystem für das Cockpit und die Kabine über das OXYGEN-Panel, das sich auf dem Überkopfpanel befindet.

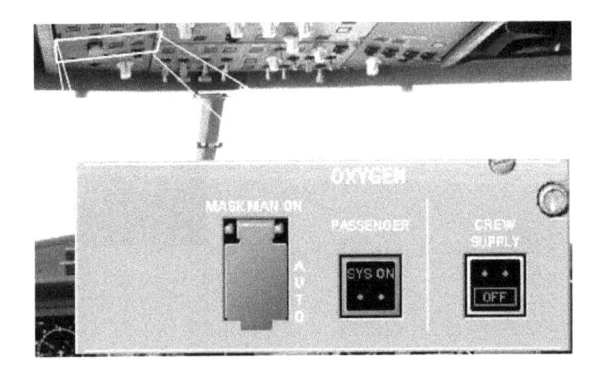

Sie überwacht das Cockpitsauerstoffsystem auf der ECAM DOOR-Seite. Die entsprechenden Anzeigen werden in der oberen rechten Ecke angezeigt und sind farblich kodiert, um den Systemstatus widerzuspiegeln

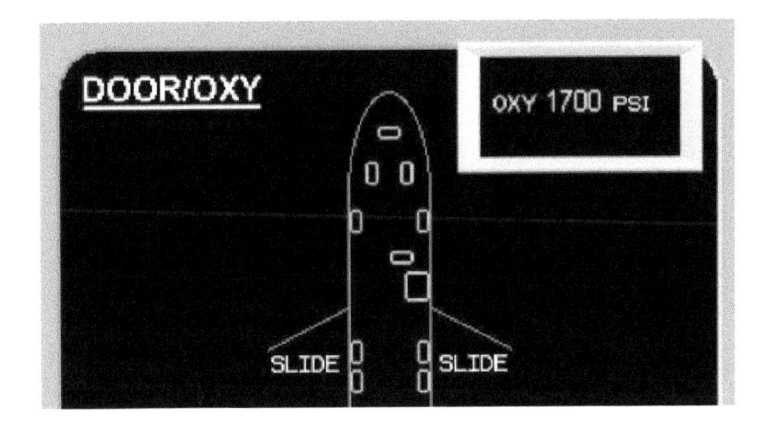

Das feste Sauerstoffsystem in der Kabine wird im Falle einer Kabinendruckabfall aktiviert. Dieses System besteht aus zwei bis vier Masken und chemischen Sauerstoffgeneratoren. Sie befinden sich über den Passagiersitzen, in den Toiletten, in jeder Bordküche und an jedem Kabinenbetreuungsplatz.

Das tragbare Sauerstoffsystem besteht aus einer Rauchhaube im Cockpit und mehreren im Kabinenbereich. Diese Ausrüstung ermöglicht mindestens 20 Minuten Atemschutz.

APU (Hilfstriebwerk)

Die Hilfskraftanlage (APU) befindet sich im ungedämpften Heckkonus. Es handelt sich um eine autarke Einheit, die das Flugzeug von externen pneumatischen und elektrischen Energiequellen unabhängig machen kann.

Die APU kann mit den Flugzeugbatterien, einer externen Energiequelle oder der normalen Flugzeug-AC-Stromversorgung gestartet werden. Die APU liefert elektrische Energie für das elektrische System des Flugzeugs und Abluft für den Triebwerksstart und die Klimaanlage.

Im Cockpit können folgende APU-Parameter auf der ECAM APU-Seite überwacht werden: EGT (Abgastemperatur) und Verdichterspeed, APU-Abluft, APU-Generator und

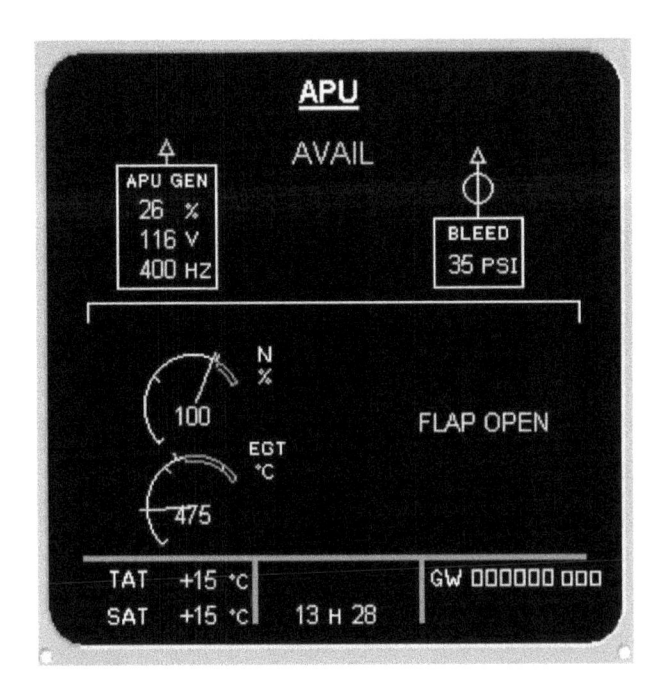

Lassen Sie uns nun die verschiedenen Steuerungen ansehen, die die Piloten zur Bedienung der APU verwenden. Diese Steuerungen befinden sich an verschiedenen Stellen auf dem Überkopfpanel. Der APU MASTER SW und der START-Druckschalter (pb sw) befinden sich auf dem APU-Steuerpanel.

Die APU-Feuersteuerungen befinden sich auf dem FIRE-Panel. Weitere Informationen zu diesen Steuerungen finden Sie im Kapitel FEUER.

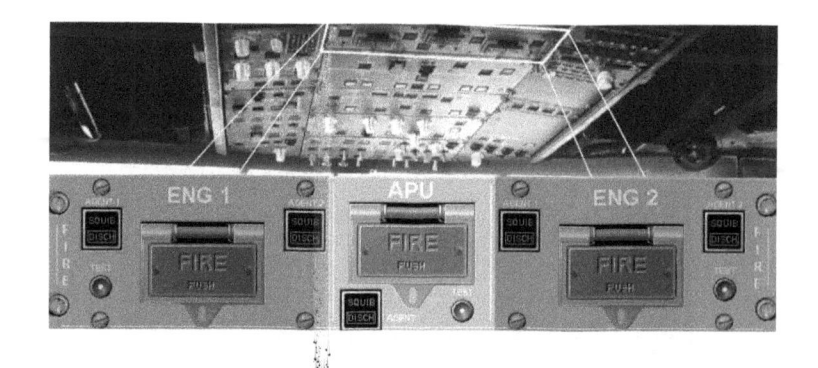

Der APU BLEED-Druckschalter (pb sw) befindet sich auf dem AIR COND-Panel und steuert das APU-Abluftsystem.

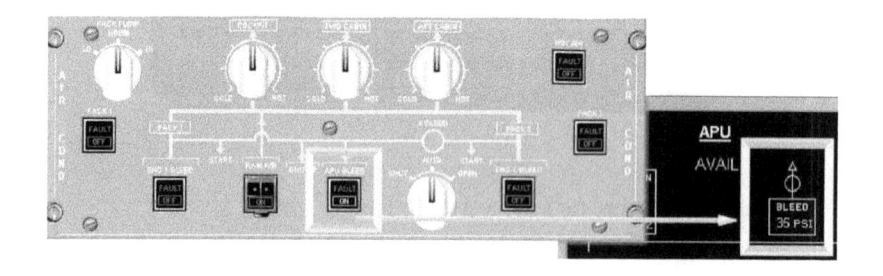

Der APU GEN-Druckschalter (pb sw) befindet sich auf dem ELEC-Panel und wird verwendet, um den APU-Generator zu steuern.

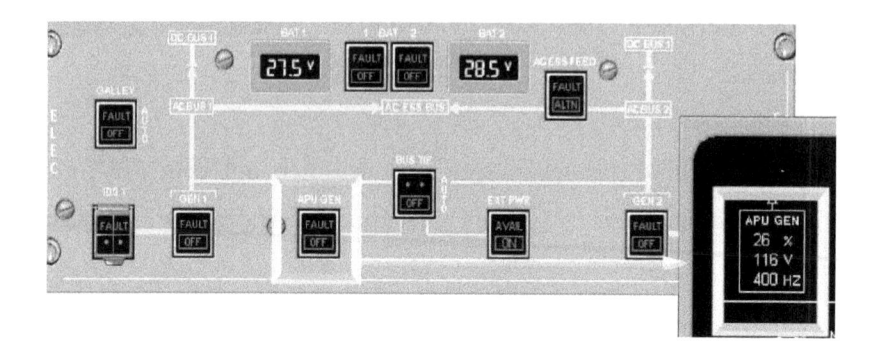

Es gibt auch einen APU SHUT OFF-Druckschalter (pb) und eine zugehörige APU FIRE-Warnleuchte, die sich auf dem externen Stromversorgungs Panel befinden (siehe Kapitel FEUER). Dieses Panel befindet sich vor dem Bugfahrwerksraum.

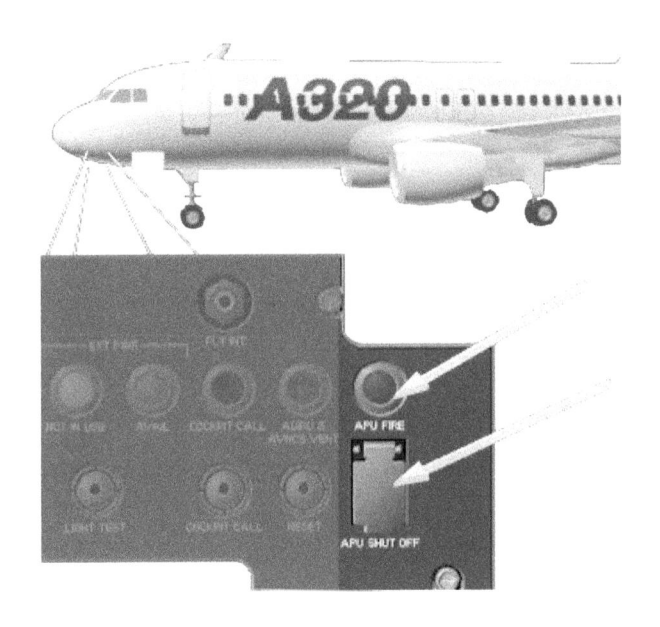

Druckkabine

Das Druckregelsystem des A320 arbeitet normalerweise automatisch, um die Kabinenhöhe und die Änderungsrate der Höhe anzupassen, um den maximalen Komfort und die Sicherheit der Passagiere zu gewährleisten. Die druckbeaufschlagten Bereiche sind das Cockpit, der Avionikraum, die Kabine und die Frachtabteile.

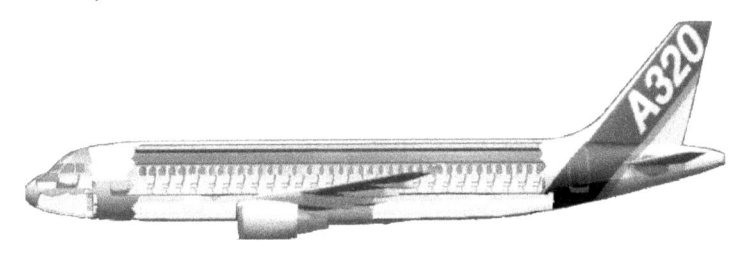

Das Konzept des Systems ist einfach. Luft wird von den Klimaanlagenpaketen an die druckbeaufschlagten Bereiche geliefert.

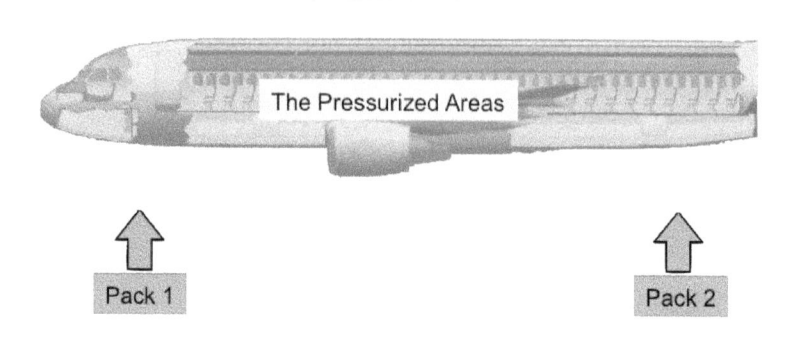

Ein Abluftventil wird verwendet, um die Menge an Luft zu regulieren, die aus den druckbeaufschlagten Bereichen entweichen darf.

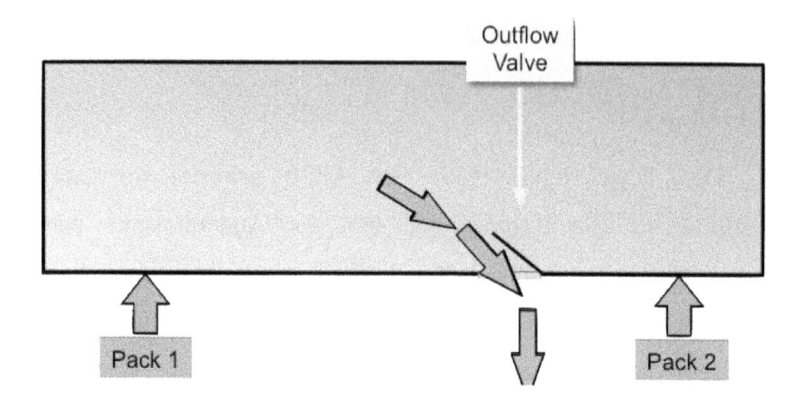

Die automatische Steuerung des Abluftventils erfolgt durch zwei Kabinendruckregler. Jeder Regler hat einen Elektromotor, um das Abluftventil zu bewegen.

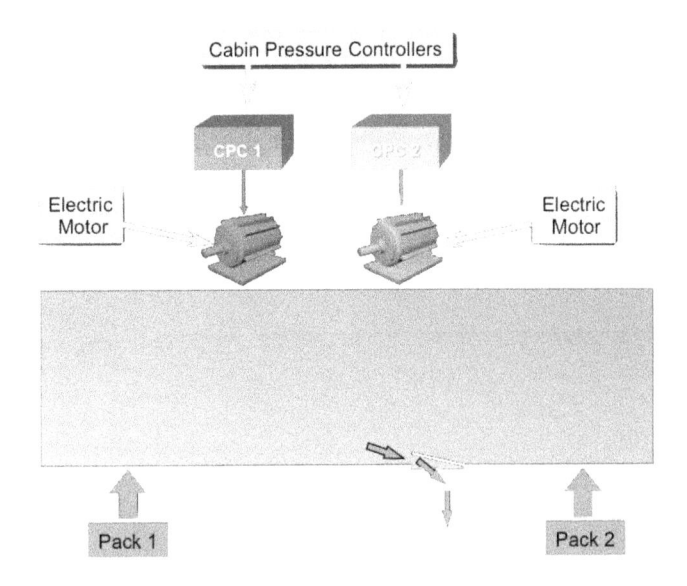

Eine Motor-Regler-Kombination wird als System bezeichnet. Nur ein System wird zu jeder Zeit betrieben, während das andere System als Backup dient.

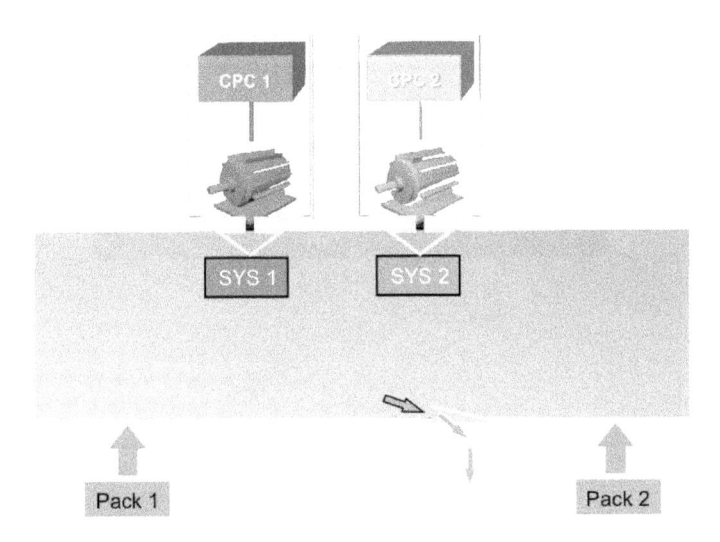

Ein dritter Motor ist installiert, um im Falle eines Ausfalls beider automatischer Systeme verwendet zu werden und erfordert eine manuelle Eingabe, um das Abluftventil zu öffnen oder zu schließen.

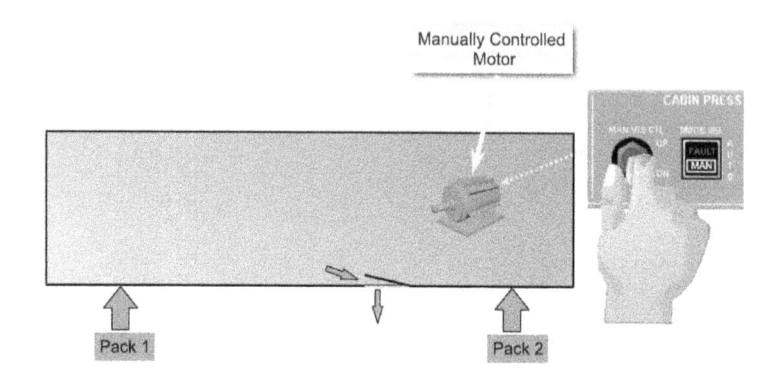

Wenn das Abluftventil vollständig geöffnet ist, kann viel Luft entweichen. Der Kabinendruck wird sinken und die Kabinenhöhe wird mit einer Vertikalgeschwindigkeit steigen.

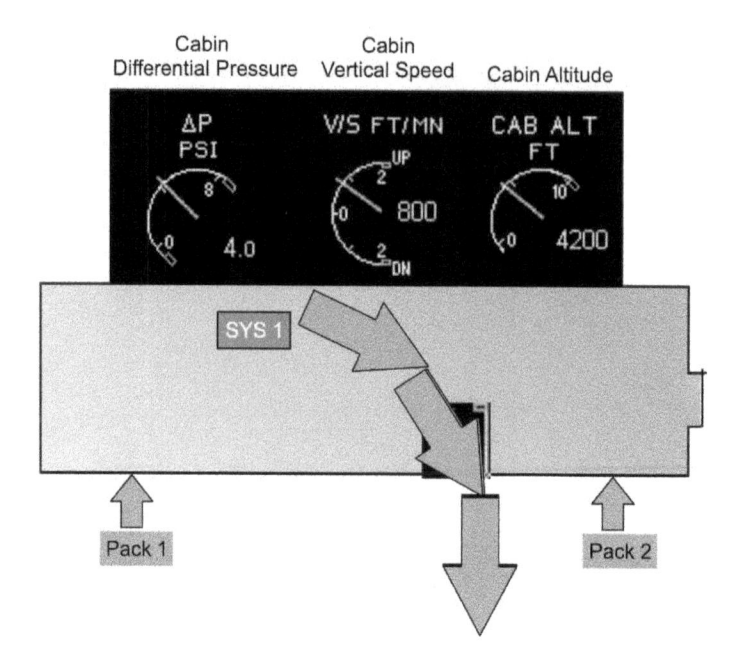

Die Crew kann alle Kabinendruck funktionen auf der ECAM CAB PRESS-Seite überwachen. Werfen wir einen Blick auf die Informationen, die mit dem Druckregelsystem verbunden sind und auf der CAB PRESS-Seite angezeigt werden. Die Anzeige des Klimaanlagenpakets wird grün, wenn das zugehörige Paket eingeschaltet ist. Die Position des Abluftventils kann überwacht werden, und der verwendete Systemregler wird angezeigt. Es gibt eine einzelne Anzeige für die Sicherheitsventile.

Auf dem Überkopfpanel befindet sich ein CABIN PRESS-Panel mit Steuerungen für die Bedienung des Druckregelsystems. Unter normalen Bedingungen sind während des Fluges keine Pilotenaktionen auf diesem Panel erforderlich.

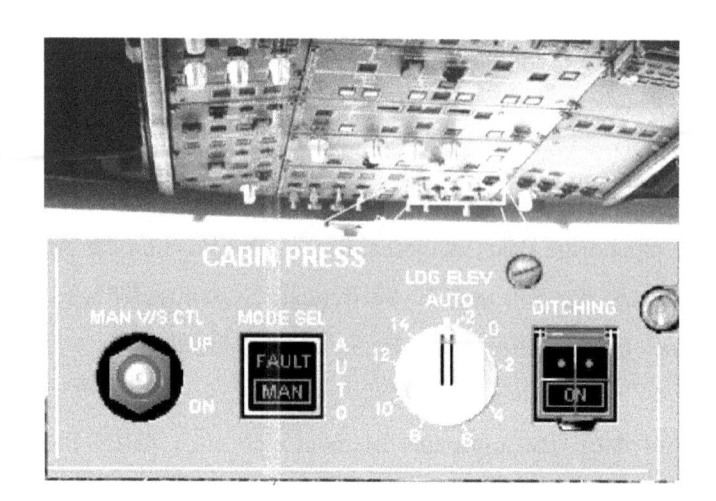

Der Pressurization MODE Select Schalter hat zwei Einstellungen: Automatisch und Manuell. Die normale Position dieses Schalters ist „Licht aus". In dieser Position befindet sich das Druckregelsystem im automatischen Modus. Die Verwendung des manuellen Modus und der manuellen Vertikalgeschwindig keitssteuerung wird im Modul für abnormalen Betrieb besprochen. Der Landing Elevation-Auswahlschalter bleibt normalerweise in der Auto-Position. Die für das Druckregelsystem erforderliche Landehöhe wird dann vom FMGS basierend auf der Höhe des Zielflughafens bereitgestellt. Wenn die Landehöhe nicht vom FMGS verfügbar ist, kann sie manuell mit diesem Schalter eingestellt werden. Sie werden diesen Schalter in den Modulen für abnormalen Betrieb verwenden. Der geschützte Ditching-Schalter wird bereitgestellt, um alle Ventile unterhalb der Wasserlinie zu schließen, damit das Flugzeug im unwahrscheinlichen Fall einer Wasserung abgedichtet werden kann.

Systeme 3

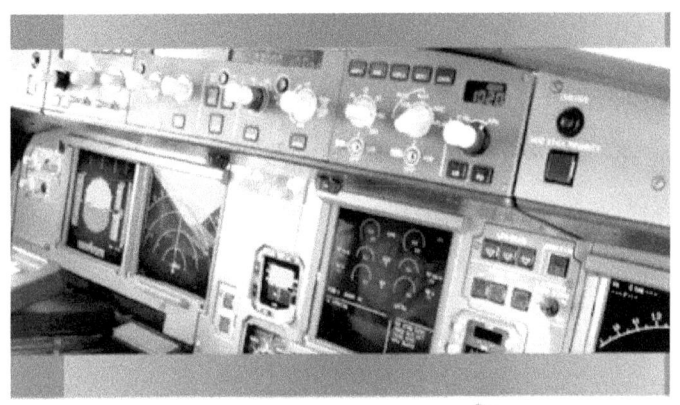

ECAM

Im Vergleich zu älteren Flugzeugtechnologien wurde das Cockpit des A320 so gestaltet, dass es eine komfortable und aufgeräumte Arbeitsumgebung bietet. Durch den Einsatz moderner elektronischer Anzeigegeräte wurde die Präsentation von Informationen für die Piloten verbessert. Das Elektronische Instrumentensystem (EIS) besteht aus sechs identischen, vollfarbigen Kathodenstrahlröhren-Displays. Das EIS ist in zwei Teilsysteme unterteilt: das Elektronische Fluginstrumentensystem (EFIS), für das jeder Pilot zwei Anzeigen hat, und das Elektronische Zentralisierte Flugzeugüberwachungssystem (ECAM), das die beiden Anzeigen in der Mitte verwendet, um Informationen zu den Flugzeugsystemen bereitzustellen. Lassen Sie uns zunächst das EFIS-System ansehen.

Flugparameter werden auf den Primären Fluganzeigen (PFD) angezeigt, während Navigationsdaten auf den Navigationsanzeigen (ND) dargestellt werden.

Außerhalb der PFD befinden sich Steuerknöpfe, um die Helligkeit der zugehörigen PFD und ND anzupassen oder die Anzeige auszuschalten.

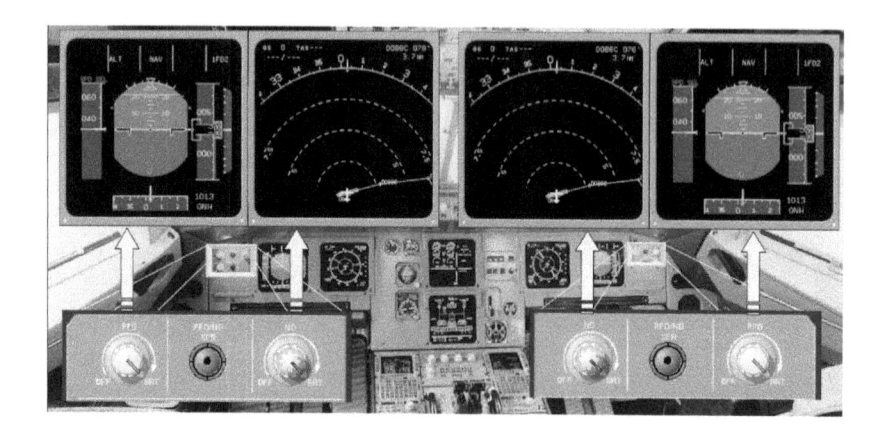

Die beiden Displays in der Mitte sind dem Elektronischen Zentralisierten Flugzeugüberwachungssystem (ECAM) gewidmet. An dieser Stelle werden wir einfach die ECAM-Anzeigen und zugehörigen Steuerungen einführen.

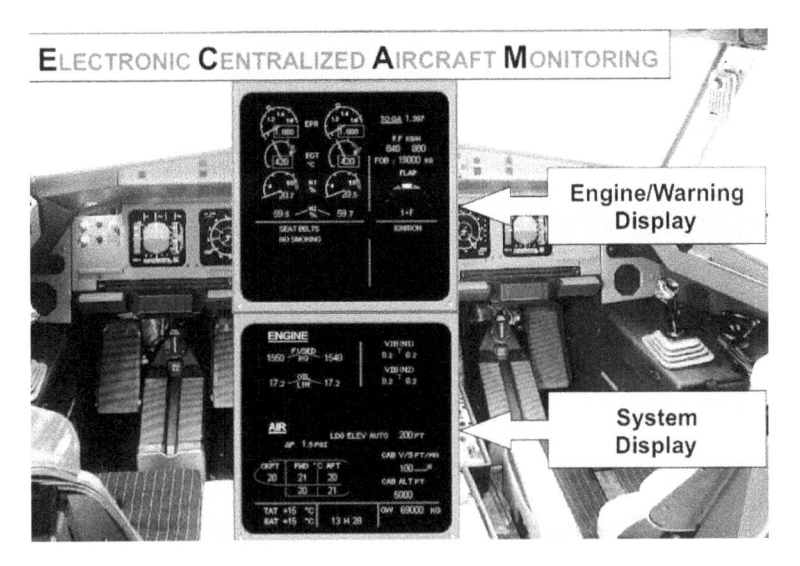

Die Präsentation der Systeminformationen basiert auf einer „Need to Know"-Philosophie. Das bedeutet, dass nur die Systeminformationen, die für die jeweilige Flugphase relevant sind, den Piloten angezeigt werden. Das ECAM-System überwacht alle Flugzeugsysteme und achtet auf jegliche abnormalen Zustände. Wenn eine Anomalie erkannt wird, warnt ECAM die Piloten und stellt eine elektronische Checkliste zur Verfügung, um mit der Abnormalität umzugehen.

Farbcodierung wird auf den ECAM-Bildschirmen zur Klarheit und zur Unterstützung der Identifikation abnormaler Parameter verwendet. Die Hauptfarben, die verwendet werden, sind: Weiß, Blau, Grün, Bernstein und Rot. Lassen Sie uns mit den letzten drei, Grün, Bernstein und Rot, beginnen, da sie die wichtigsten sind.

Grüne Farbcodierung wird verwendet, um einen normalen Zustand anzuzeigen. Beachten Sie, dass auf der E/WD und der SD, die gezeigt werden, alle Anzeigen normal sind.

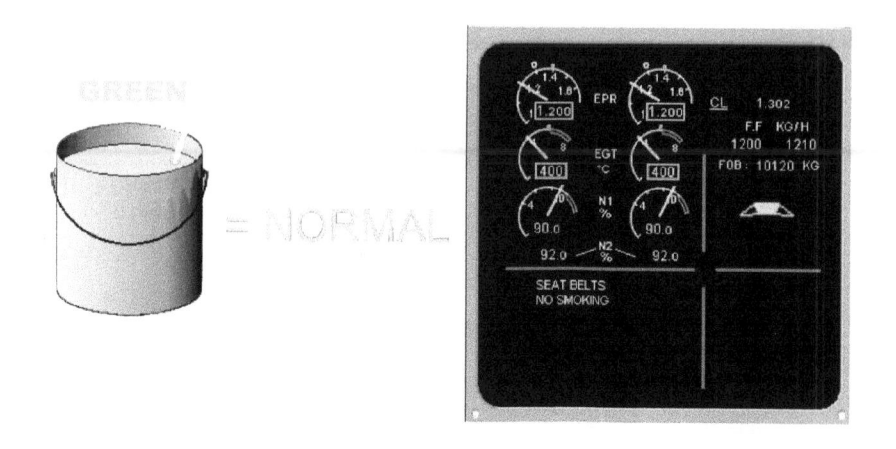

Die Bernstein farbcodierung ist für abnormale Anzeigen reserviert, die die Aufmerksamkeit der Crew erfordern, aber keine sofortige Aktion der Crew benötigen. Beachten Sie auf der E/WD die bernsteinfarbene Fehlermeldung und auf der SD die bernsteinfarbenen Anzeigen.

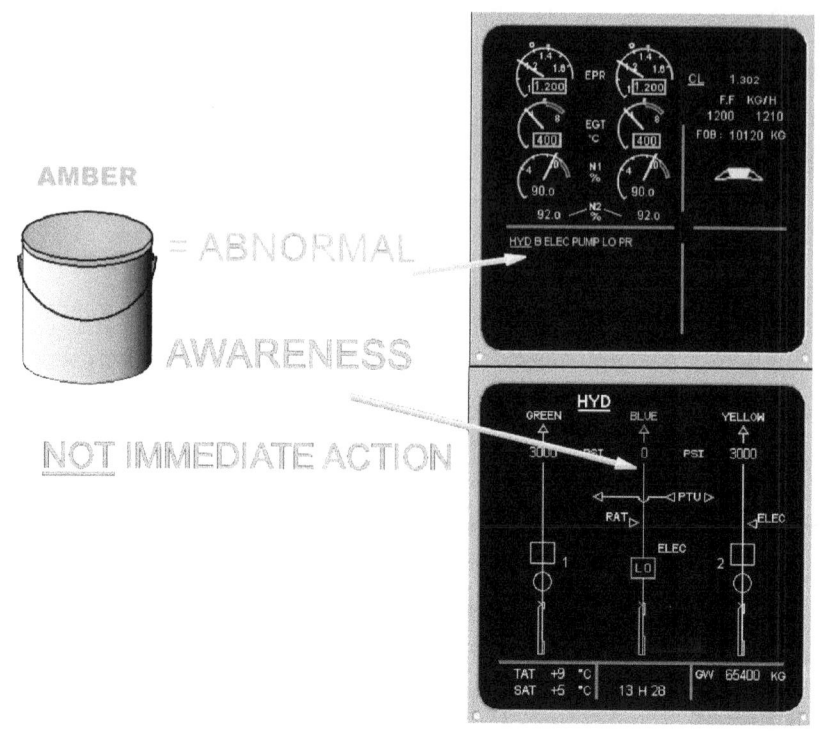

Die Rotfarbcodierung ist für ernsthafte Parameterüberschreitungen und Warnungen reserviert, die eine sofortige Aktion der Crew erfordern. Beachten Sie auf der E/WD die rote Parameteranzeige und die rote Warnmeldung. Lassen Sie uns nun die beiden ECAM-Anzeigen etwas detaillierter betrachten.

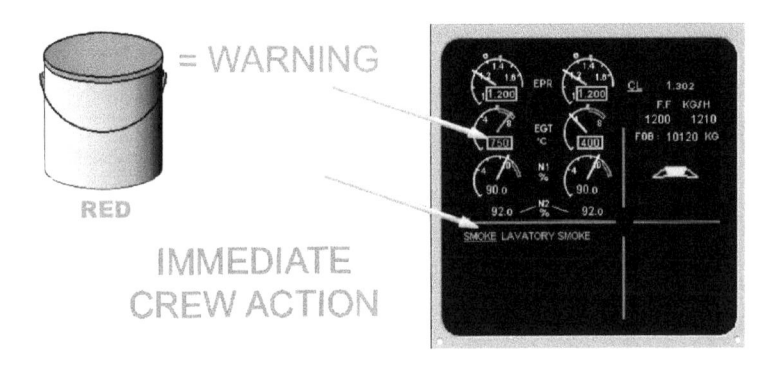

Die E/WD ist in zwei Hauptteile unterteilt. Der obere Bereich wird für die Haupttriebwerksparameter, Treibstoff an Bord und die Position der Klappen/Slats verwendet. Diese Anzeigen werden in den entsprechenden Systemmodulen behandelt

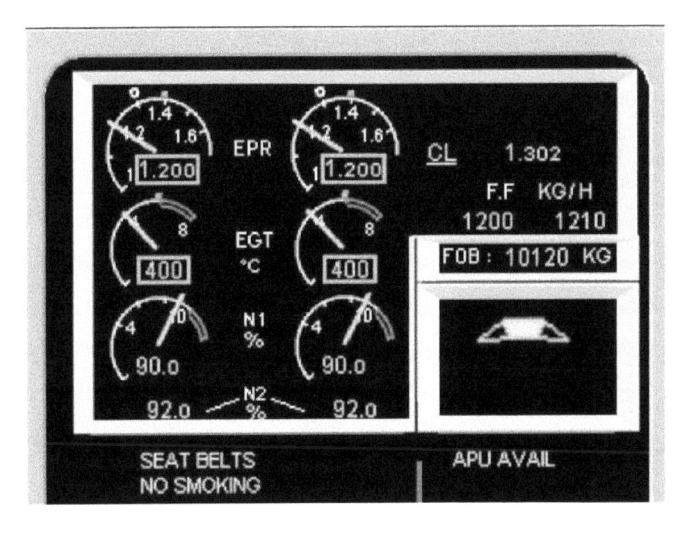

Unter normalen Bedingungen wird der untere Teil der E/WD zur Anzeige von MEMO verwendet. Im gezeigten Beispiel zeigen die Memos an, dass das Anschnallzeichen und das Nichtraucherzeichen eingeschaltet sind und dass die APU zur Nutzung verfügbar ist.

Treten Fehler auf, werden Warnungs-/Achtungshinweise anstelle der Memos angezeigt. Im gezeigten Beispiel gibt es eine bernsteinfarbene Achtungsnachricht mit einer Reihe von blauen Handlungselementen. Diese Handlungselemente sind Ihre elektronische Checkliste, um auf die jeweilige Abnormalität zu reagieren.

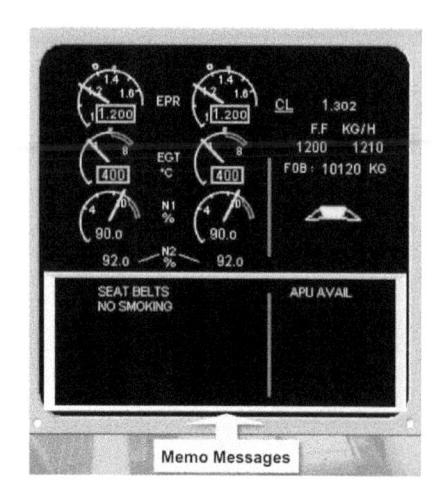

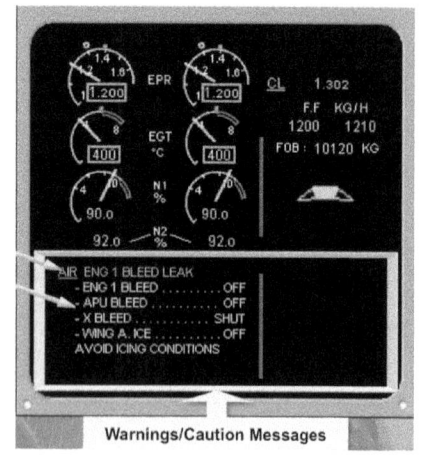

Die SD wird verwendet, um spezifische Systeminformationen anzuzeigen. Im gezeigten Beispiel wird die CRUISE-Seite angezeigt. Dies ist die Seite, die normalerweise für den Großteil der Flugzeit sichtbar ist, wenn das Flugzeug in der Luft ist. Informationen, die während des Flugs nützlich sind, werden aus verschiedenen Systemen angezeigt. Die einzelnen Anzeigen werden in den entsprechenden Systemmodulen behandelt.

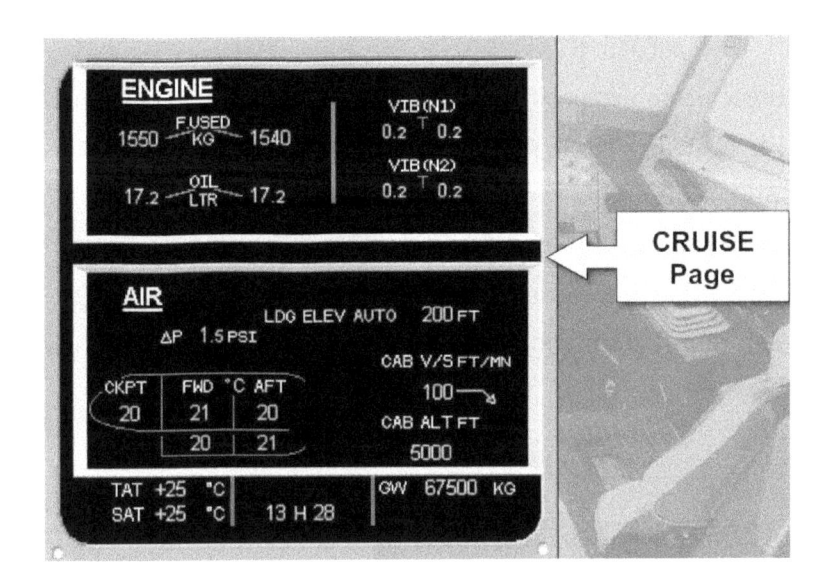

Die SD kann auch verwendet werden, um synoptische Diagramme der Flugzeugsysteme anzuzeigen, sogenannte Systemseiten. Zum Beispiel die Hydrauliksystem seite oder die Elektrosystem seite. Später werden Sie sehen, wie diese Systemseiten entweder manuell oder automatisch aufgerufen werden.

Eine STATUS-Seite des Flugzeugs kann auf der SD angezeigt werden, um den Zustand des Flugzeugs zu überprüfen. Eine NORMAL-Nachricht wird angezeigt, um anzugeben, dass der Zustand des Flugzeugs normal ist und keine inaktiven Systeme vorhanden sind. Lassen Sie uns sehen, wie die STATUS-Seite aussieht, wenn etwas nicht normal ist, zum Beispiel nach einem Systemausfall.

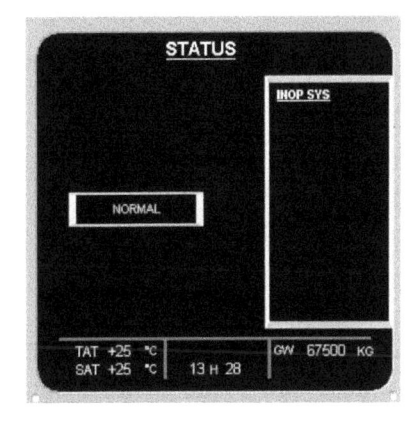

Die auf der STATUS-Seite angezeigten Informationen variieren je nach Ausfall, können jedoch als Beispiel Folgendes umfassen: Einschränkungen, Anflugverfahren einschließlich Maßnahmen und Korrekturen, Informationen und inaktive Systeme.

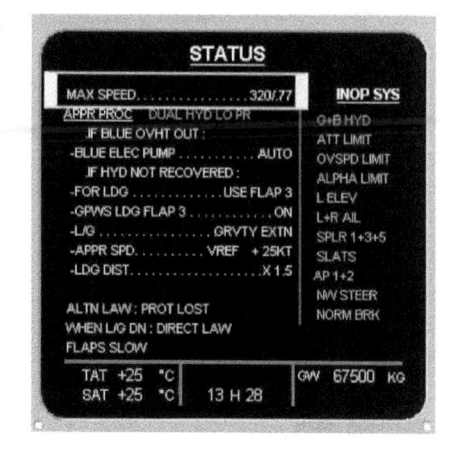

Unter normalen Bedingungen stellt das ECAM-System den Piloten die Informationen zur Verfügung, die sie für die jeweilige Flugphase „Need to Know" benötigen, nicht mehr und nicht weniger. Ein Beispiel: Während des Anflugs, wenn das Fahrwerk ausgefahren ist, wird die ECAM WHEEL-Systemseite automatisch angezeigt.

Wenn ein Ausfall auftritt, der zu einem Verlust der Redundanz oder dem Ausfall eines Systems führt, das die Sicherheit des Flugs nicht beeinträchtigt, wie zum Beispiel ein DFDR-Fehler, wird das ECAM-System die Piloten informieren, indem es eine bernsteinfarbene CAUTION-Meldung auf der E/WD anzeigt. Gleichzeitig leuchten die beiden CLEAR-Tasten auf dem ECAM-Steuerpanel auf.

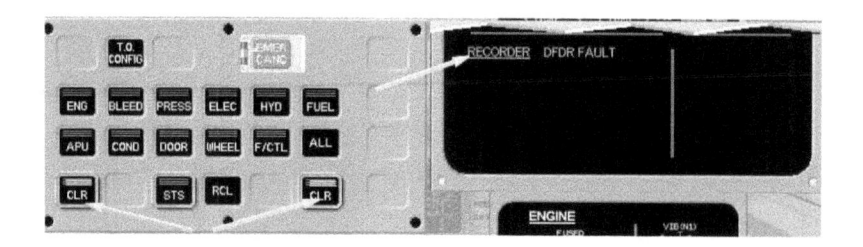

Die erste Maßnahme ist sicherzustellen, dass sich das Flugzeug auf einem sicheren Flugweg befindet. Dieser Fehler erfordert nur die Aufmerksamkeit der Crew, sodass die Handhabung des Fehlers, wenn nötig, verzögert werden kann. Normalerweise führt der PNF die ECAM-Verfahren aus, während der PF für den Flugweg des Flugzeugs verantwortlich ist. Für diese Übung sind Sie der PNF. Lesen Sie den Titel des Fehlers, in diesem Fall „RECORDER DFDR FAULT".

Der PF wird Sie auffordern, ECAM-Maßnahmen zu ergreifen. In diesem Fall sind keine Maßnahmen erforderlich, sodass die Warnmeldung nach Bestätigung durch den PF durch Drücken einer der CLEAR-Tasten am ECAM-Steuerpanel gelöscht werden kann.

Durch Drücken einer der CLEAR-Tasten wurde die Caution-Meldung von der E/WD gelöscht und die STATUS-Seite wird automatisch angezeigt. In diesem Beispiel sehen Sie, dass das inaktive System das DFDR ist. Schauen wir uns das an:

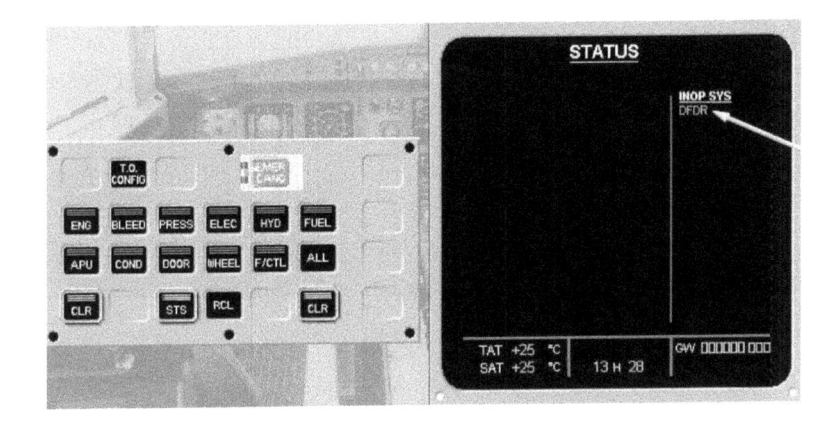

EFIS

Die vier EFIS (Elektronisches Fluginstrumentensystem)-Displays liefern den Piloten Flugdaten, um das Flugzeug sicher und effizient zu betreiben. Flugparameter werden auf den Primären Fluganzeigen (PFD) angezeigt, während Navigationsdaten auf den Navigationsanzeigen (ND) dargestellt werden.

Jeder Pilot hat ein EFIS-Steuerpanel, um auszuwählen, was auf den EFIS-Bildschirmen angezeigt wird.

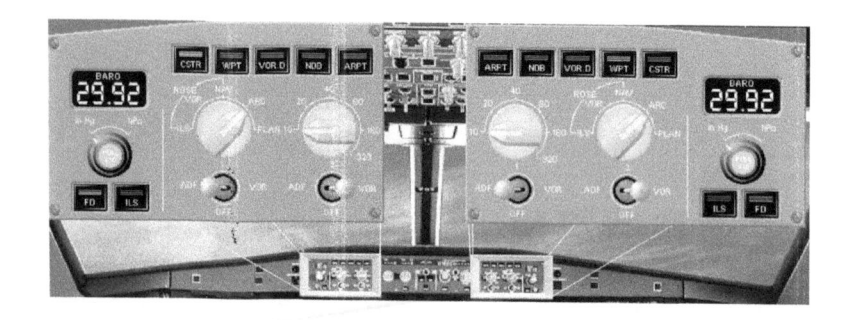

Die EFIS-Steuerpanels sind in zwei Abschnitte unterteilt, wobei der eine Abschnitt mit der PFD und der andere mit der ND verbunden ist.

In der Mitte des Blendenschirms befindet sich eine Flight Control Unit (FCU). Die FCU ist eine der Schnittstellen zwischen den Piloten und dem Autoflight-System. Die vollständige Nutzung der FCU wird in den Autoflight-Modulen behandelt. Auf der FCU befinden sich Selektoren, die die angezeigten Informationen auf der PFD und der ND beeinflussen. Es sind nur diese Selektoren, die in den EFIS-Modulen besprochen werden.

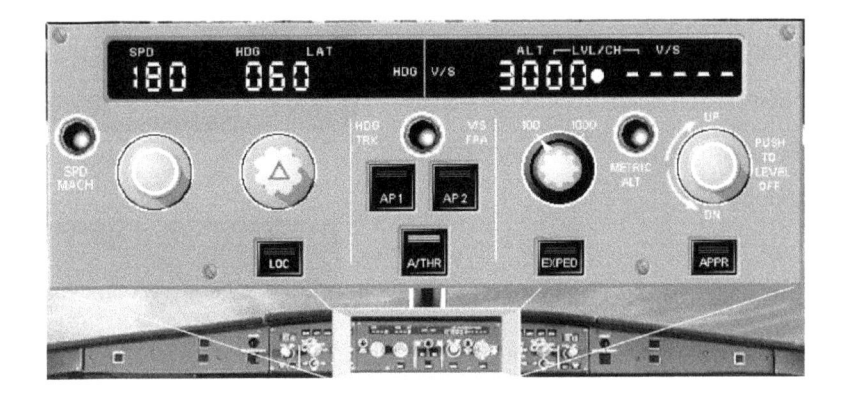

Die Selektoren mit zugehöriger Anzeige sind für: Geschwindigkeit, Kurs und Höhe vorgesehen.

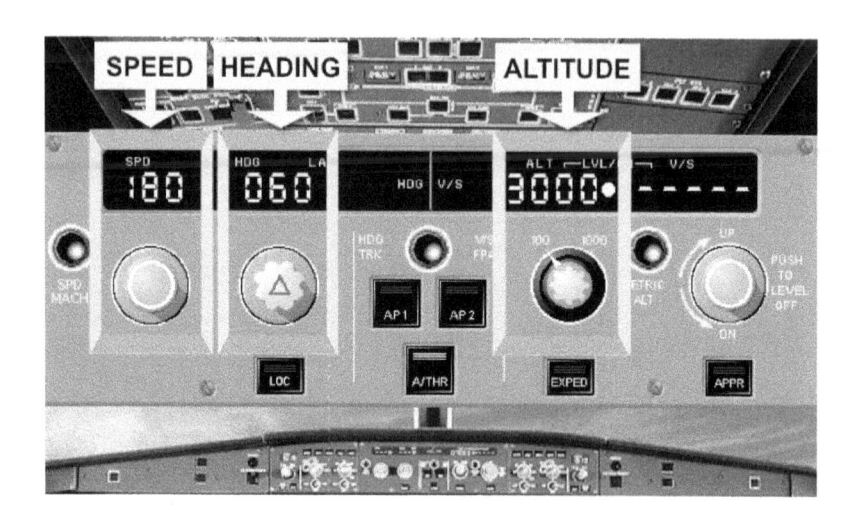

Nun lassen Sie uns jede Anzeige im Detail betrachten. Die Primäre Fluganzeige (PFD) zeigt alle normalen primären Fluginformationen: Lage, Geschwindigkeit, Höhe, Vertikalgeschwindigkeit, Kurs und Richtung. Beachten Sie, dass die Anzeigen in einer klassischen Instrumenten-"T"-Anordnung dargestellt sind.

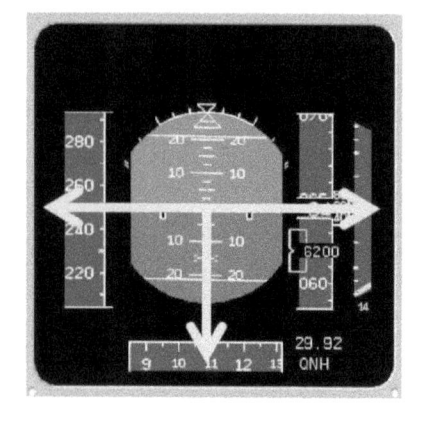

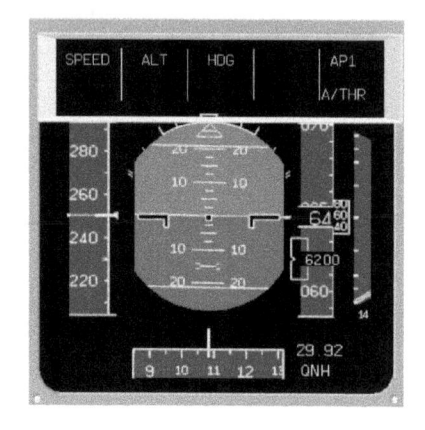

Die PFD zeigt auch andere Informationen an. Der obere Teil der Anzeige wird verwendet, um den Piloten Informationen zu liefern, die mit dem Flight Management and Guidance System (FMGS) verbunden sind. Dieser Bereich ist als Flight Mode Annunciator (FMA) bekannt. Mehr über den FMA erfahren Sie in den Autoflight-Modulen.

Ein Flight Director-Schalter (pb) auf dem EFIS-Steuerpanel ermöglicht es den Piloten, die Flight Director-Anzeige ein oder auszuschalten. Beachten Sie, dass auf dem FMA eine Anzeige erscheint, wenn die Flight Directors eingeschaltet sind. Wenn die Flughöhe unter 2500 Fuß liegt, wird ein digitaler Höhenmesser angezeigt. In dieser Zeit konzentrieren wir uns auf die primären Fluganzeigen.

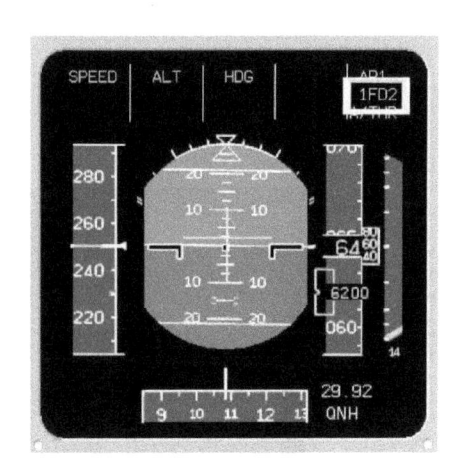

Die Lageinformationen werden in der Mitte der Anzeige dargestellt. Der Lagedarsteller arbeitet im normalen Sinne. Das Flugzeug wird durch drei schwarze und gelbe Symbole dargestellt, die fest bleiben. Es gibt eine graduierte Skala für den Nickwinkel oberhalb und unterhalb des Horizonts. Der Rollwinkel wird oben auf dem Indikator angezeigt, jede Graduation entspricht einem Rollwinkel von 10 Grad.

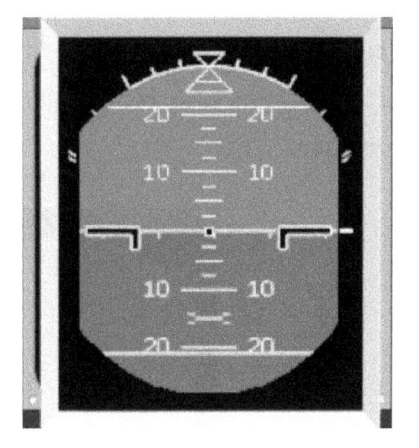

In diesem Beispiel befindet sich das Flugzeug in einer Linkskurve mit einem Rollwinkel von 20 Grad und einem Nickwinkel von 10 Grad.

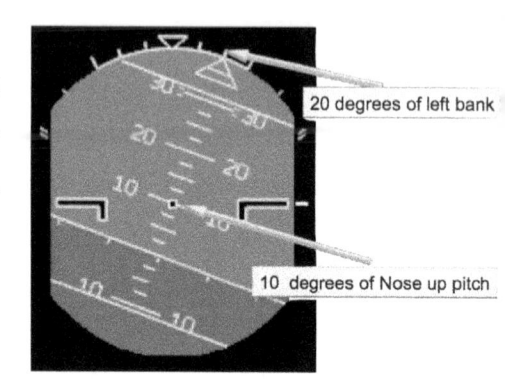

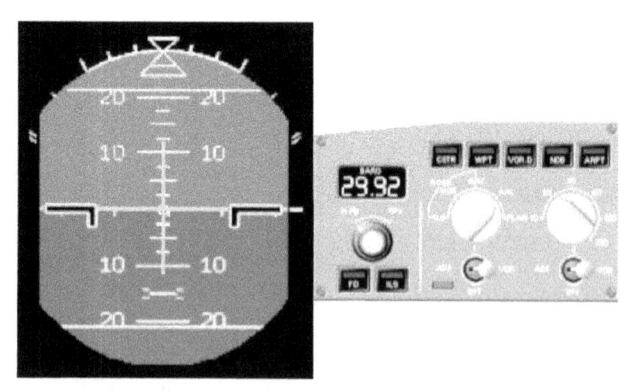

Wenn der Flight Director-Schalter (pb) auf dem EFIS-Steuerpanel ausgewählt wird, werden die Flight Director-Anzeigen auf dem Lagedarsteller eingeblendet. Im gezeigten Beispiel ist der Flight Director zentriert.

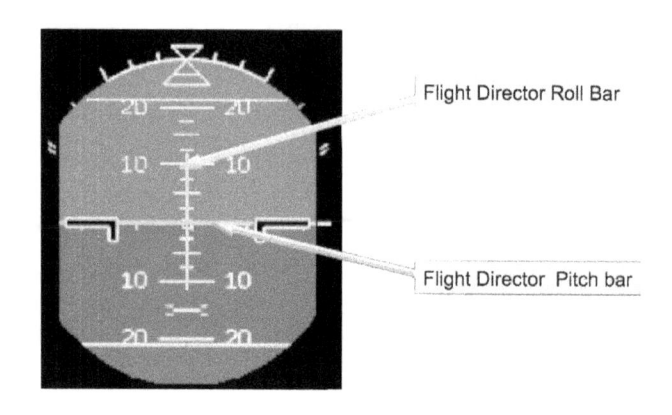

Die vertikale Linie ist die Rollleiste des Flugdirektors, während die horizontale Linie die Nickleiste ist.

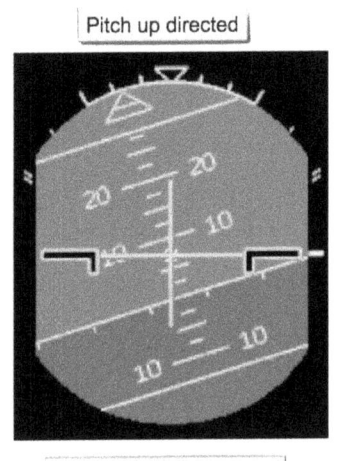

Pitch up directed

Roll to the right directed

Schauen wir uns ein Beispiel der Nutzung des Flugdirektors an. In diesem Beispiel gibt der Flugdirektor eine Anweisung zum Steigen des Flugzeugs (Pitch up) und zum Rollen nach rechts (Roll). Sobald das Flugzeug den erforderlichen Nickwinkel und Bankwinkel erreicht hat, werden die Flugdirektorleisten wieder zentriert.

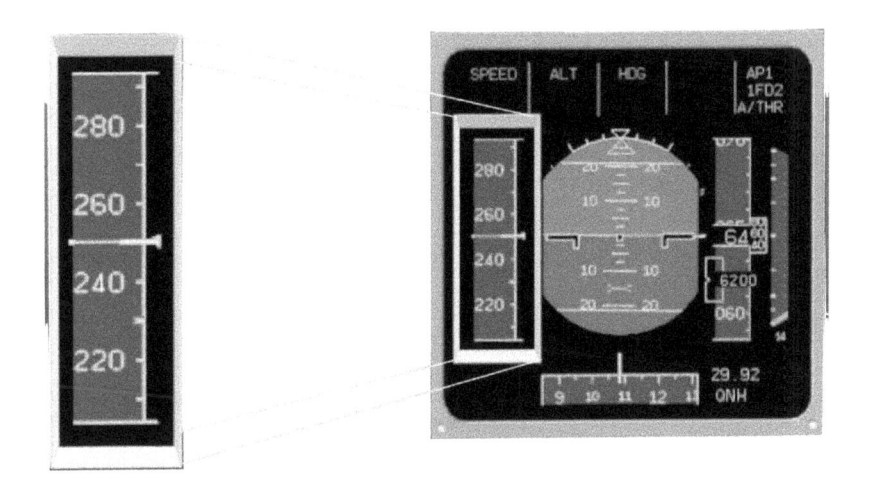

Nun betrachten wir die Geschwindigkeitsanzeige auf dem PFD. Die Geschwindigkeitsskala bewegt sich hinter einer festen gelben Referenzlinie und einem Dreieck. Im gezeigten Beispiel bleibt die angezeigte Luftgeschwindigkeit konstant bei 250 Knoten.

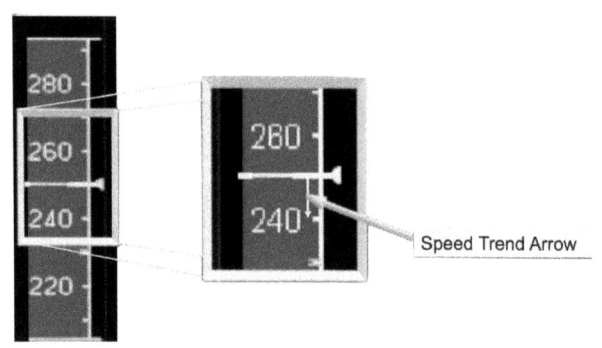

Wenn das Flugzeug beschleunigt oder abbremst, erscheint ein Geschwindigkeits-Trendpfeil. Dieser Pfeil zeigt den Wert an, der in 10 Sekunden erreicht wird, wenn die Beschleunigung konstant bleibt. Im gezeigten Beispiel wird das Flugzeug in 10 Sekunden auf 240 Knoten abbremsen.

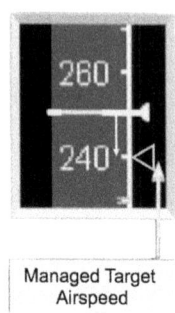

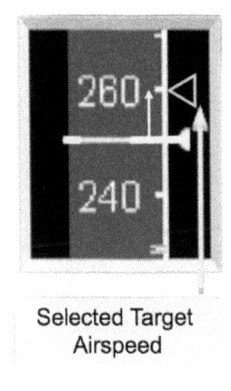

Wenn das Flight Management and Guidance System (FMGS) die Luftgeschwindigkeit steuert, erscheint ein magenta Zielgeschwindigkeits-Dreieck. Dies wird normalerweise als die „verwaltete Geschwindigkeit" bezeichnet. Im gezeigten Beispiel liegt die verwaltete Zielgeschwindigkeit bei 240 Knoten und das Flugzeug bremst auf diese Geschwindigkeit ab.

Wenn die Zielgeschwindigkeit manuell ausgewählt wird, erscheint ein blaues Dreieck. Dies wird normalerweise als „Ausgewählte Geschwindigkeit" bezeichnet. Im gezeigten Beispiel wurde eine ausgewählte Geschwindigkeit von 260 Knoten eingestellt und das Flugzeug beschleunigt in Richtung dieser Geschwindigkeit.

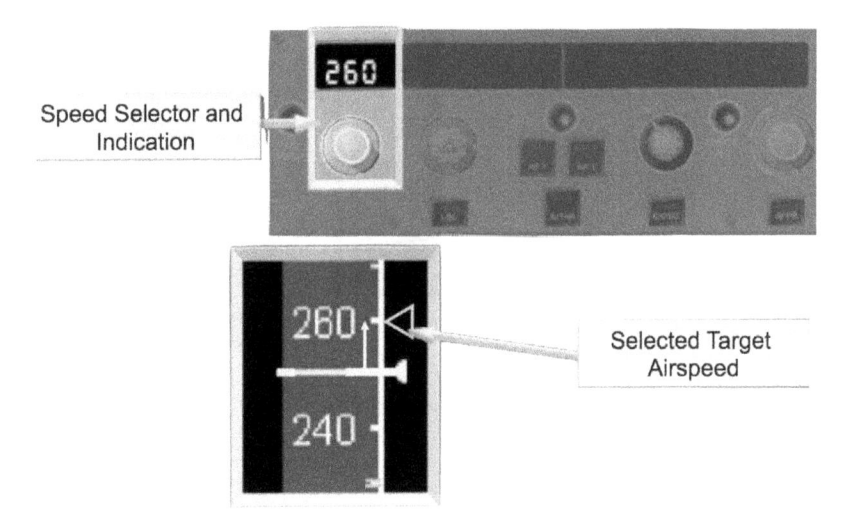

Speed Selector and Indication

Selected Target Airspeed

Die manuelle Geschwindigkeitsauswahl erfolgt über einen Drehwahlregler auf dem FCU-Panel. Direkt oberhalb des Reglers wird die ausgewählte Geschwindigkeit angezeigt.

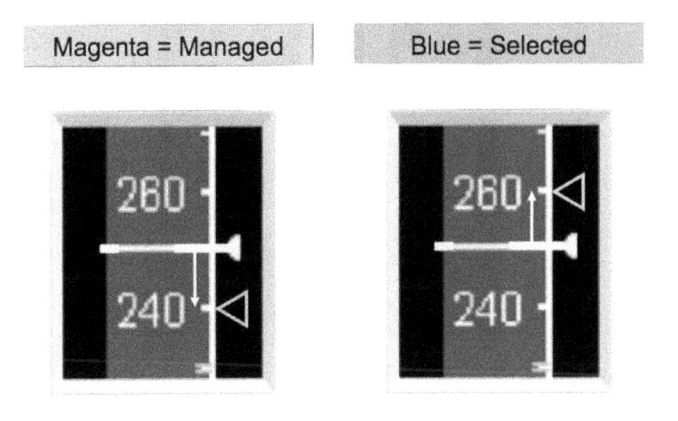

Magenta = Managed   Blue = Selected

Als allgemeine Regel gilt auf dem PFD, dass eine magentafarbene Anzeige für „Verwaltet" und eine blaue Anzeige für „Ausgewählt" steht. Dies wird in den folgenden Beispielen zu sehen sein.

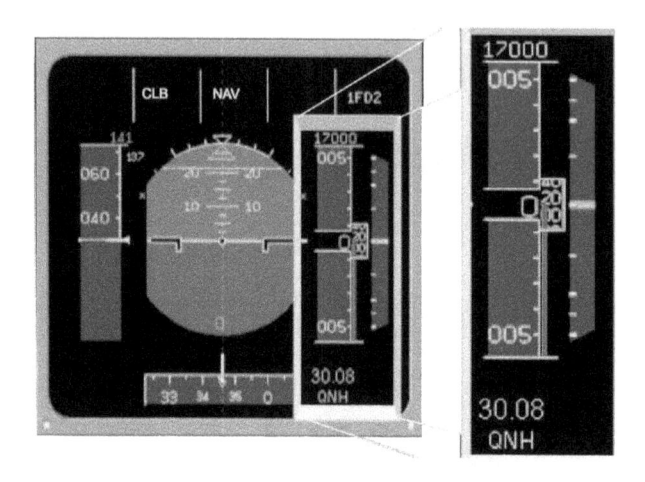

Alle Anzeigen, die mit der Flughöhe zu tun haben, befinden sich auf der rechten Seite des PFD.

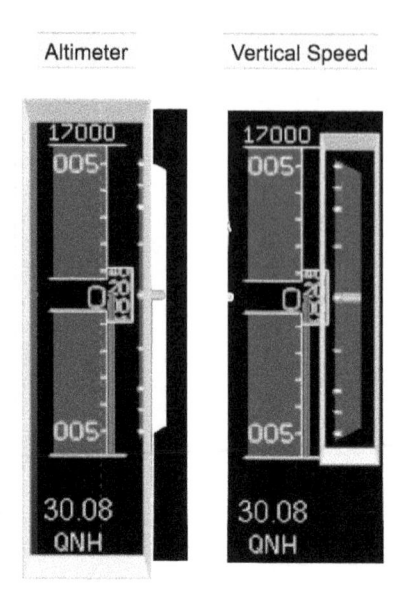

Altimeter　　　Vertical Speed

Der Hauptteil der Anzeige ist dem Höhenmesser gewidmet. Ganz rechts befindet sich die Anzeige für die vertikale Geschwindigkeit. Wir schauen uns zuerst die Höhenmesseranzeigen an. Der mittlere Teil des Höhenmessers enthält eine grüne digitale Anzeige der Höhe. Das rote Band rechts von der Höhen-Skala stellt die Gelände-Höhe dar.

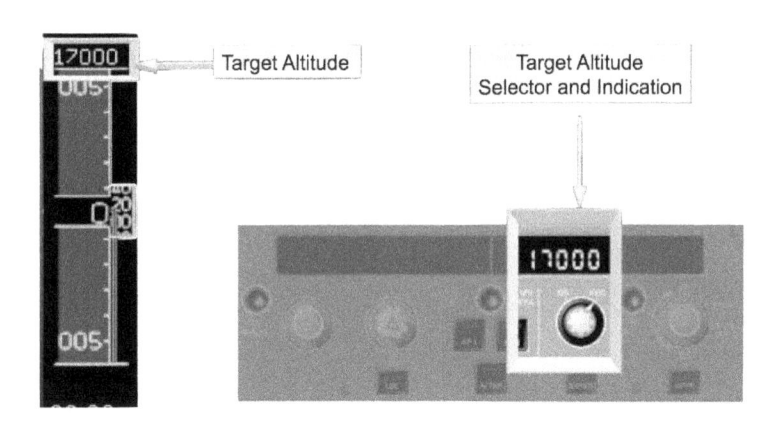

Das Band befindet sich derzeit auf gleicher Höhe wie die Mitte der Skala. Wie bei der Luftgeschwindigkeitsanzeige bewegt sich hinter der digitalen Anzeige ein graues analoges Höhenband. In diesem Beispiel ist eine Zielhöhe von 17.000 Fuß angezeigt. Auf dem FCU befindet sich ein Höhenwahlregler mit einer Anzeige der ausgewählten Zielhöhe.

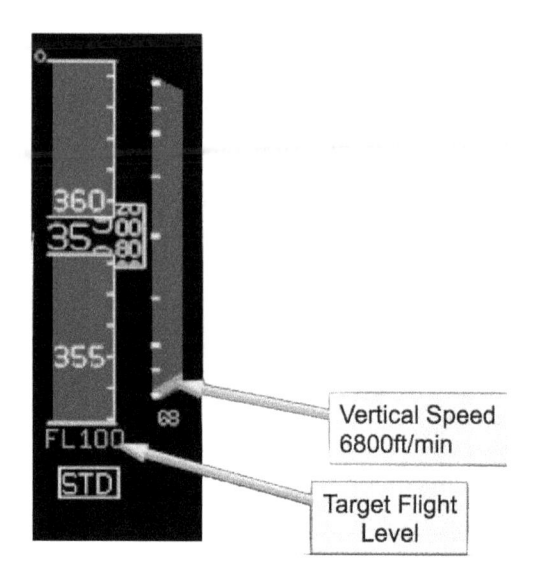

HEADING 091

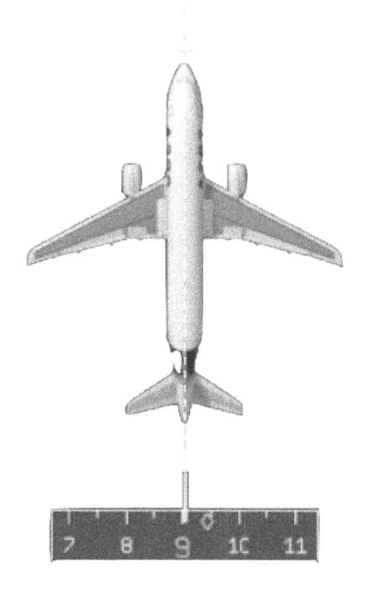

Wenn im FMGS eine Höhenbeschränkung festgelegt ist, wird diese durch eine magentafarbene Zielhöhe angezeigt. Im gezeigten Beispiel beträgt die Beschränkungshöhe 5.000 Fuß. In diesem Beispiel ist das Flugzeug gerade gestartet. Beachten Sie, dass die vertikale Geschwindigkeitsanzeige einen Steigwert von 3.400 Fuß pro Minute anzeigt.

Wir befinden uns nun in der Abstiegphase. Die Ziel-Flughöhe ist magentafarben, weil das Flugzeug sich in einem verwalteten Abstieg mit einer Beschränkung auf FL100 befindet. Aufgrund der hohen vertikalen Geschwindigkeit wird diese in Amber (Gelb) angezeigt.

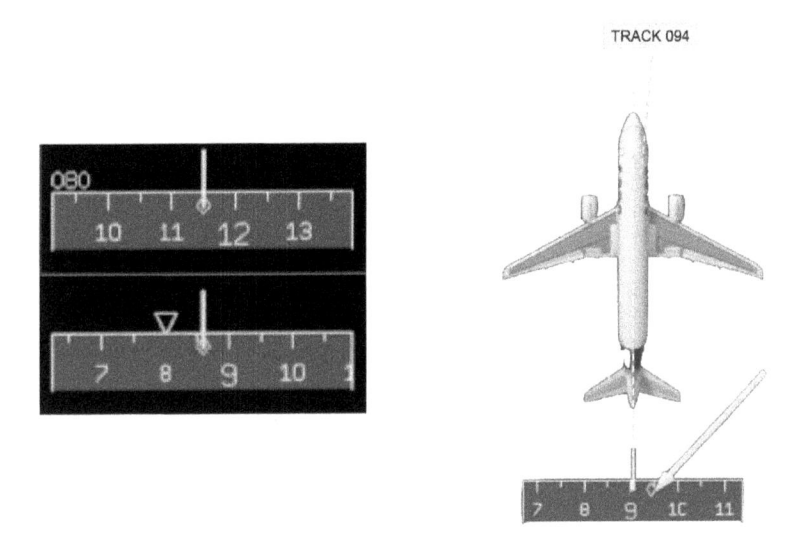

Betrachten wir nun den Kompassanzeiger. Dieser wird sehr konventionell angezeigt. Die graue Skala bewegt sich gegen eine feste gelbe Linie, die die Mittelachse des Flugzeugs darstellt. Im gezeigten Beispiel fliegt das Flugzeug auf 091 Grad. Der kleine grüne Diamant stellt die Flugzeugbahn dar und wird normalerweise als „TRACK DIAMOND" bezeichnet. Im gezeigten Beispiel liegt die Flugbahn bei 094 Grad, was bedeutet, dass das Flugzeug 3 Grad Abdrift nach rechts hat.

Eine ausgewählte Richtung kann entweder als blaue Zahl auf der entsprechenden Seite der Kompass-Skala oder als blaues Dreieck angezeigt werden.

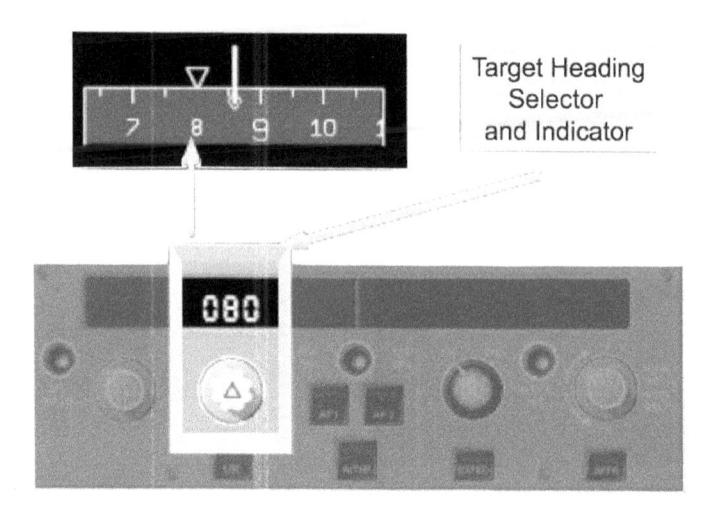

Auf dem FCU befindet sich ein Richtungswahlregler mit einer Anzeige, der mit der Anzeige der ausgewählten Richtung auf dem Kompass des PFD verbunden ist.

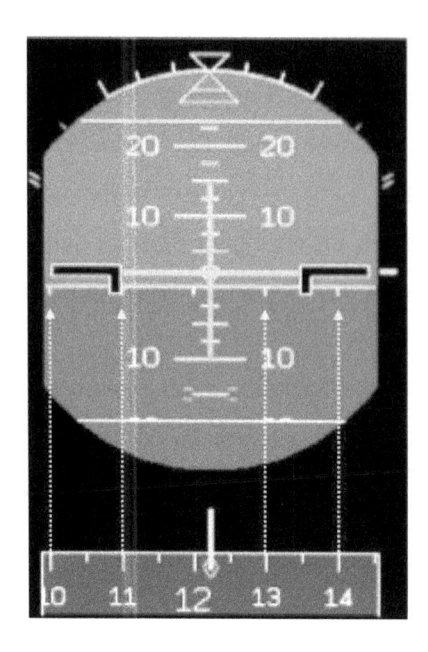

Es besteht eine direkte Beziehung zwischen den kleinen weißen Markierungen auf der Horizontlinie des Lageindikators und der Kompassskala. Wenn sich die Richtung ändert, bewegen sich die Markierungen, um in Linie zu bleiben.

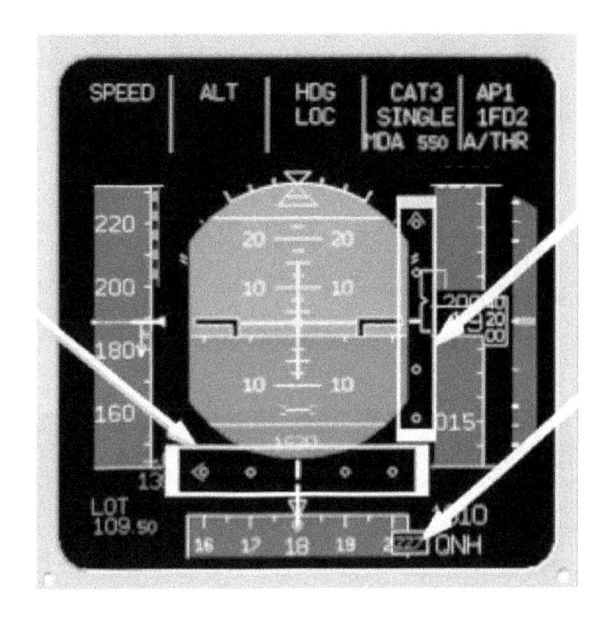

Nun schauen wir uns an, wie die ILS-Informationen angezeigt werden, und konzentrieren uns dabei insbesondere auf die Kompassskala.

Der ILS-Button (pb) auf dem EFIS-Kontrollpanel ermöglicht es den Piloten, eine ILS-Anzeige zu aktivieren. Die ILS-Anzeige umfasst Indikationen für: Localizer, Front Course, Gleitpfad, und Information. Die ILS-Abweichungsinformationen werden in Form von Abweichungsskalen für den Localizer und den Gleitpfad angezeigt. Der ILS-Frontkurs wird in Magenta an der Seite der Kompassskala angezeigt, wenn der Kurs außerhalb der sichtbaren Skala liegt.

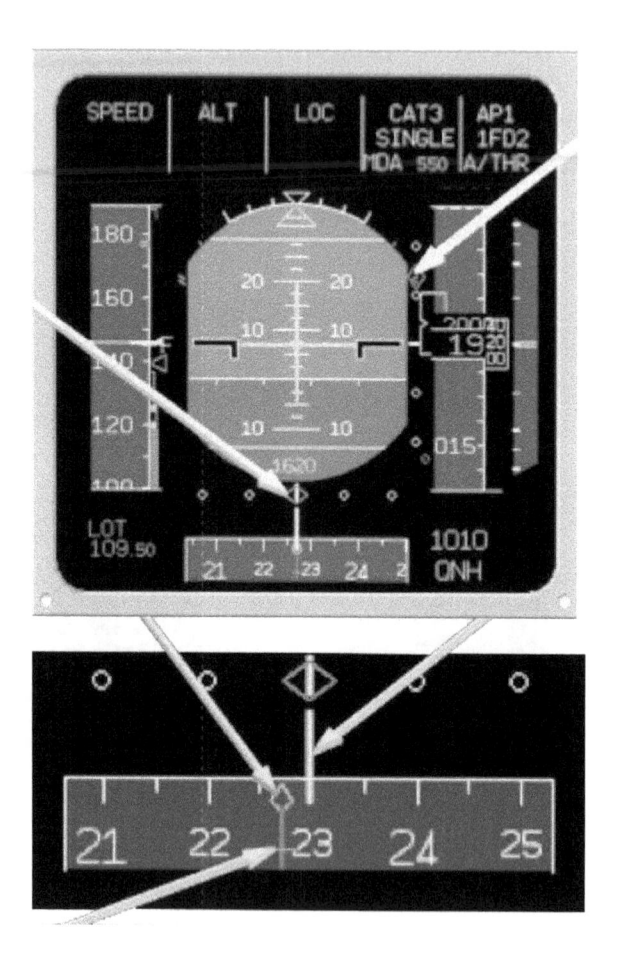

Ein magenta Diamant stellt den Localizer dar. Wenn der ILS-Frontkurs innerhalb der Kompassskala liegt, wird er als magenta Dagger (Dolch) angezeigt. Im gezeigten Beispiel ist das Flugzeug auf dem Localizer eingeschaltet, und die Gleitpfadanzeige erscheint in Form eines magenta Diamanten.

Mit dem Flugzeug auf dem Localizer und einem Kurs von 230 Grad zeigt der Track Diamond eine Abdrift von 3 Grad nach links. Der ILS-Frontkurs-Dolch befindet sich unter dem Track Diamond. Sie werden sehen, wie nützlich der Track Diamond sein kann, um Ihnen zu helfen, einen präzisen Anflug während der Simulator-Phase zu fliegen.

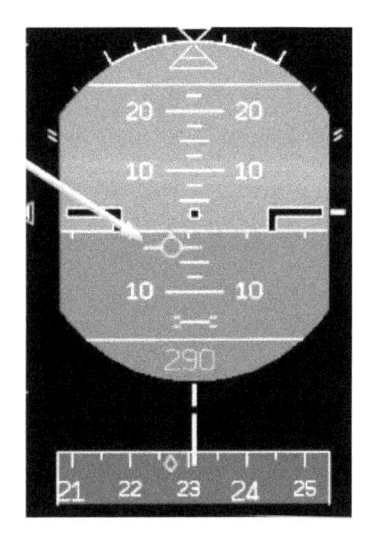

Der Flugpfad-Vektor (FPV) kann auf dem PFD angezeigt werden, um Ihnen zu zeigen, was das Flugzeug in Bezug auf die Welt tut. Es handelt sich um eine Anzeige des Flugpfads des Flugzeugs. Es ist kein Flugrichtungsanzeiger. Das grüne Symbol, das manchmal als „Der Vogel" bezeichnet wird, stellt das Flugzeug dar. Der Lageindikator stellt die Welt dar. Schauen wir uns den FPV etwas genauer an.

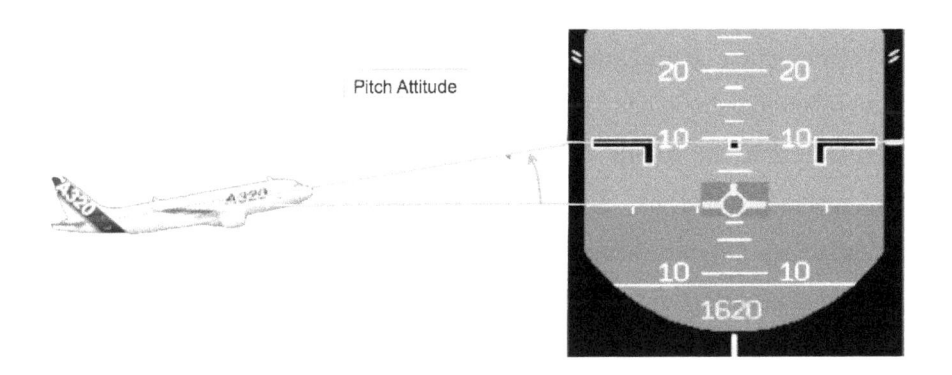

Pitch Attitude

Zunächst betrachten wir die Anzeige eines Flugzeugs im ebenen Flug ohne Abdrift. Zu Schulungszwecken werden wir die Winkel übertreiben.

Das Flugzeug fliegt eben mit einem Nickwinkel von 9 Grad. Der FPV befindet sich auf der Horizontlinie, sodass der Flugpfadwinkel derzeit null beträgt, d.h., das Flugzeug befindet sich im Horizontalflug.

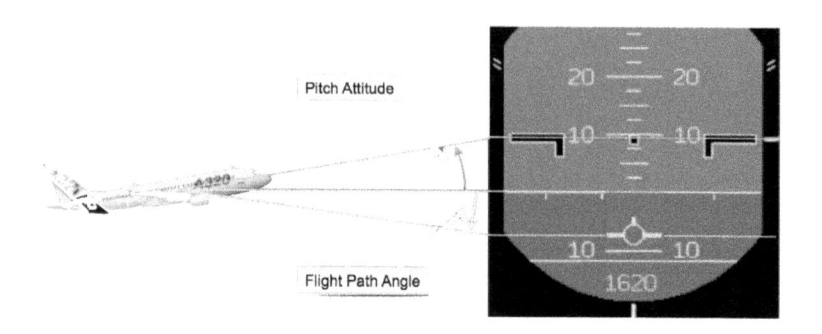

Kraftstoffsystem

Das Kraftstoffsystem des A320 ähnelt sehr dem eines herkömmlichen Jetflugzeugs. Es verfügt über Kraftstofftanks, die im Rumpfbereich und in den Tragflächen untergebracht sind. Der zentrale Tank befindet sich im Rumpf. Die inneren Tanks sind in den Tragflächen untergebracht, und die äußeren Tanks befinden sich ebenfalls in den Tragflächen. Die insgesamt nutzbare Kraftstoffmenge beträgt etwa 19.000 kg (bei Standarddichte).

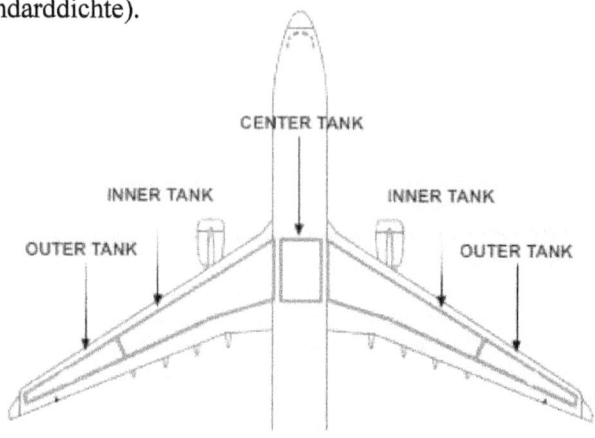

Zwei Kraftstoffpumpen sind im zentralen Tank installiert und zwei Kraftstoffpumpen sind in jedem inneren Tank eingebaut. Zwei Transferventile ermöglichen den Transfer von Kraftstoff von den äußeren Tanks zu den inneren Tanks.

Jeder innere Tank versorgt seinen jeweiligen Triebwerk. Zwei Niederdruckventile (ENG LP) sind eingebaut, um den Kraftstoffzufluss zu den Triebwerken abzuschalten. Der zentrale Tank versorgt ebenfalls die Triebwerke.

Ein Crossfeed-Ventil ist eingebaut, um die linke und rechte Seite miteinander zu verbinden oder zu isolieren.

Das Kraftstoffsystem versorgt auch die APU. Ein Niederdruckventil (APU LP) ist eingebaut, um den Kraftstoffzufluss zur APU abzuschalten. Dies stellt das grundlegende Kraftstoffsystem dar.

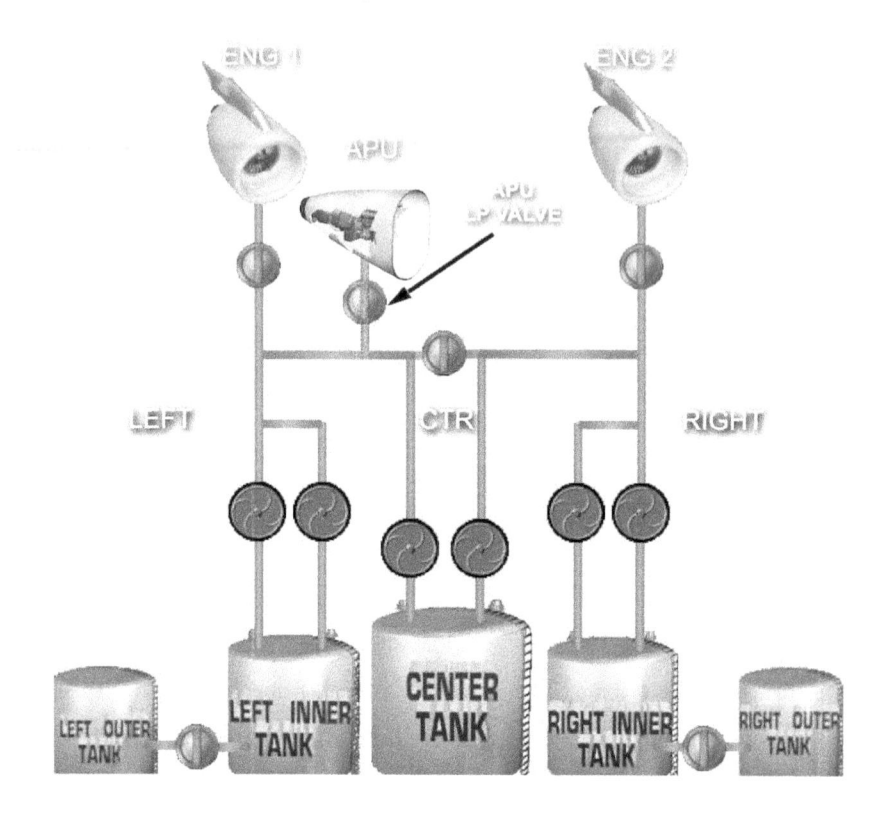

Sie können sehen, dass alle Komponenten, über die wir gesprochen haben, auf der ECAM-Seite angezeigt werden. Lassen Sie uns das grundlegende System kurz anhand der ECAM-KRAFTSTOFF-Seite durchgehen:

1. Alle Kraftstofftanks
2. Transferventil
3. Kraftstoffpumpen
4. ENG LP-Ventil
5. X-Feed-Ventil
6. APU LP-Ventil

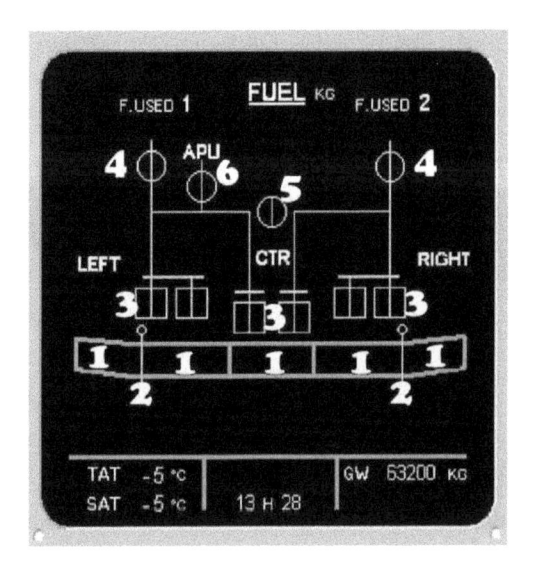

Zur Klarstellung haben wir einige Anzeigen weggelassen.

1. Kraftstoffmenge
2. Tanktemperatur
3. Verbrauchten Kraftstoff
4. Kraftstoff an Bord

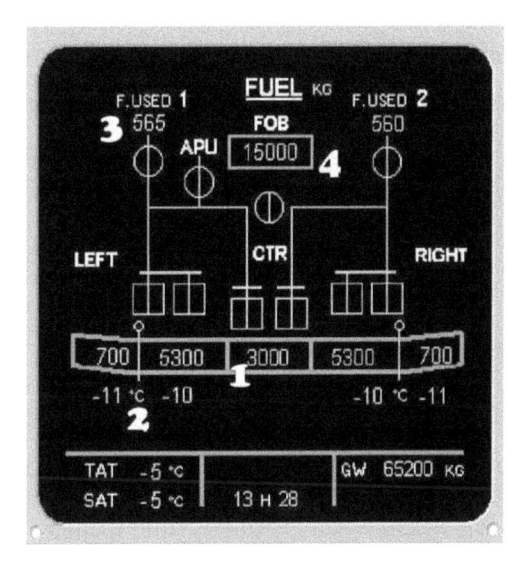

Schauen wir uns nun das KRAFTSTOFF-Panel an, das sich am Überkopf-Panel befindet:

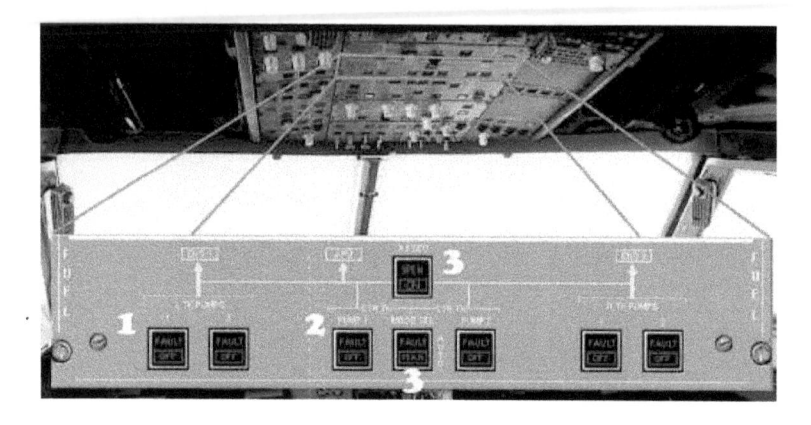

1. Jede Tragflächen-Kraftstoffpumpe wird durch den zugehörigen Schalter (pb sw) auf dem KRAFTSTOFF-Panel gesteuert.

2. Jede zentrale Tankpumpe wird durch den jeweiligen Schalter (pb sw) gesteuert.

3. Der **MODE SEL-Schalter (pb sw)** ermöglicht es dem Piloten, die beiden zentralen Tankpumpen im automatischen oder manuellen Modus zu betreiben. Der **X FEED-Schalter (pb sw)** ermöglicht es dem Piloten, die linke und rechte Seite des Kraftstoffsystems zu verbinden oder zu isolieren.

Feuerlöschsystem

Das A320 verfügt über Feuererkennungs und Löschsysteme für die Triebwerke und die APU, Rauchdetektion im Avionikbereich,

Rauchdetektion und Feuerlöschsysteme in den Frachtbereichen und Toiletten sowie tragbare Feuerlöscher für das Cockpit und die Kabine.

Die Triebwerke und die APU sind mit individuellen Feuererkennungssystemen ausgestattet. Jedes System besteht aus: Zwei identischen Erkennungs-Schleifen (A und B), die parallel montiert sind, und einer Feuererkennungseinheit (FDU).

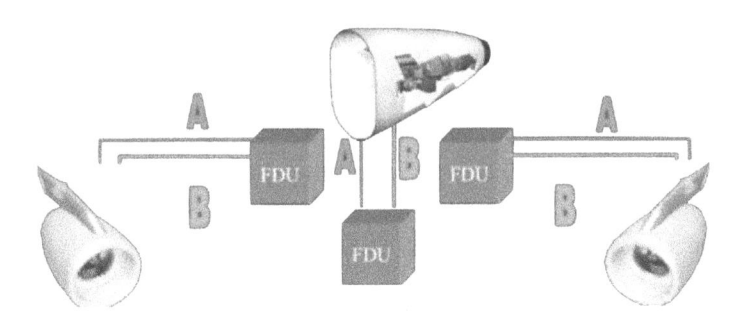

Jedes Triebwerk ist mit 2 Feuerlöschflaschen ausgestattet. Die Entleerung der Flaschen wird durch den zugehörigen Schalter (pb sw) gesteuert. Die pb sw befinden sich auf dem FEUER-Panel am Überkopf-Panel. Für die APU gibt es nur eine Feuerlöschflasche und nur einen Entleerungsschalter.

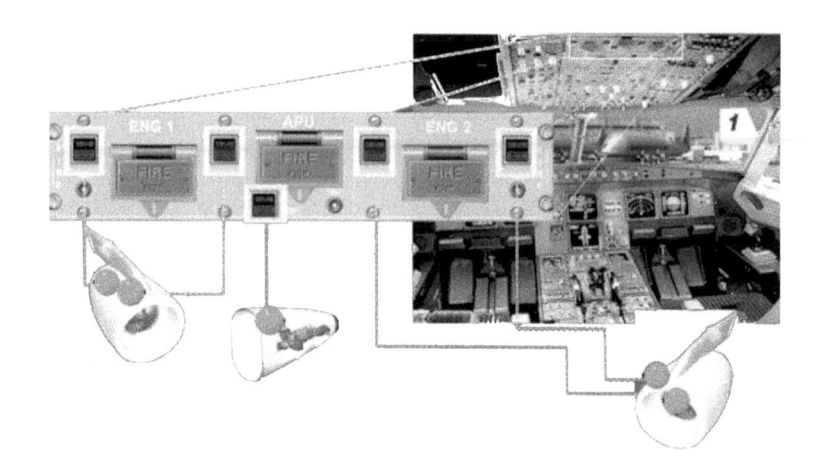

Die bewachten FEUER pb sw zeigen eine Feueranzeige an und ermöglichen es, das entsprechende System zu isolieren. Die TEST-Tasten werden verwendet, um die Funktionsweise des jeweiligen Feuererkennungs- und Löschsystems zu testen.

Es gibt eine zusätzliche FEUER-Leuchte für die APU und einen bewachten APU SHUT OFF pb-Schalter, der sich auf dem EXTERNAL POWER-Panel befindet.

Für das Avioniksystem wird nur eine Rauchdetektion bereitgestellt. Der Detektor befindet sich im Luftabzugskanal. Die Anzeigen für Rauch in der Avionik befinden sich auf zwei Panels im Cockpit: dem EMER ELEC PWR-Panel und dem VENTILATION-Panel.

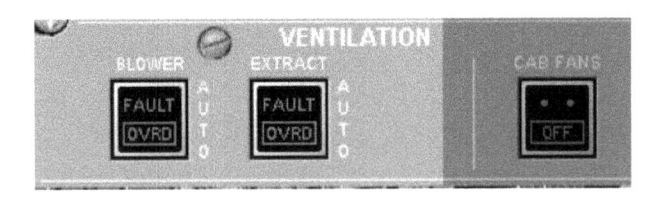

Die Rauchdetektion in den Toiletten besteht aus einem Rauchmelder in jeder Toilette, der mit der Smoke Detection Control Unit (SDCU) verbunden ist. Die SDCU überträgt die Signale an die FWC für Warnungen im Cockpit und an das Cabin Intercommunication Data System (CIDS) für Warnungen in der Kabine. Zusätzlich hat jeder Toilettenabfalleimer ein automatisches Feuerlöschsystem.

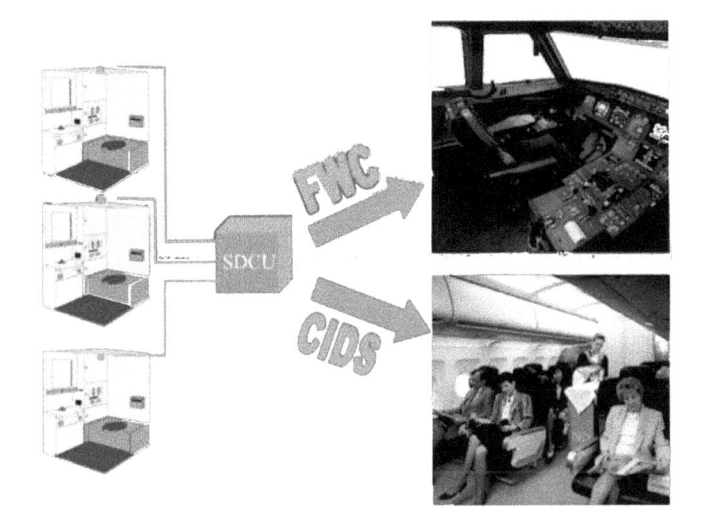

Insgesamt sind sechs Rauchmelder in den Frachtbereichen installiert. Es gibt zwei Detektoren im vorderen Bereich und vier im hinteren Bereich. Jeder Detektor ist mit einer der beiden Erkennungs-Schleifen verbunden. Die SDCU erfasst die Signale, die von den Detektoren gesendet werden, und überträgt sie an die FWC zur Anzeige im Cockpit.

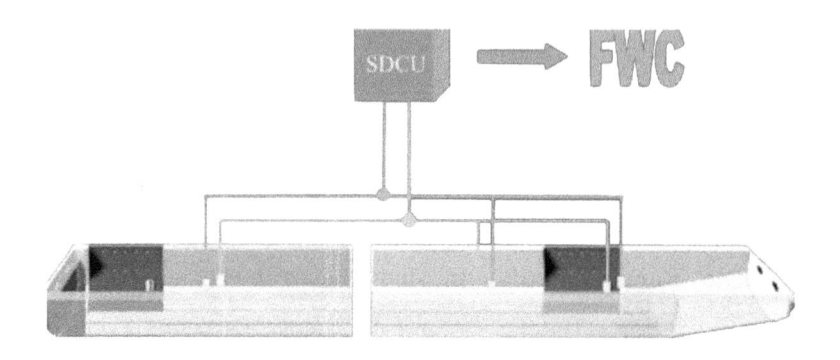

Auf dem Überkopf-Panel befindet sich ein CARGO SMOKE-Panel mit den Anzeigen für Rauch in der Fracht.

Die beiden bewachten DISCH-Schalter (pb sw) steuern eine Feuerlöschflasche. Jeder pb sw steuert einen Zündkopf oder

Entleerungskopf der Flasche. Wenn der Schalter betätigt wird, wird die Feuerlöschflasche vollständig in den jeweiligen Bereich entleert.

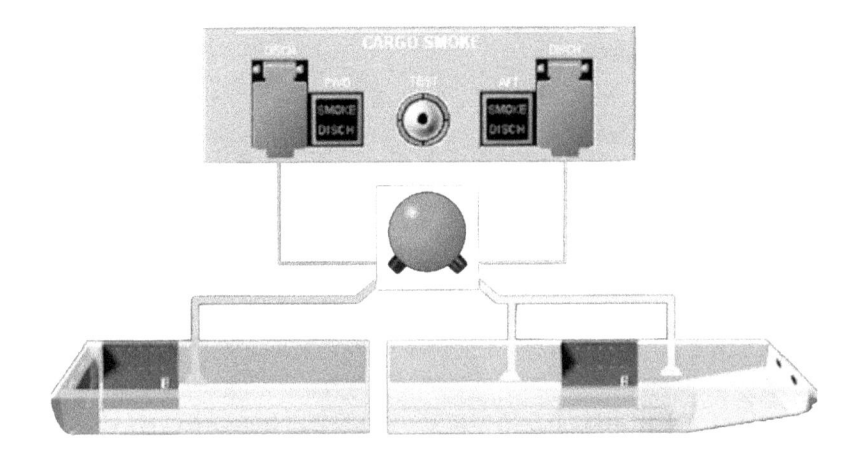

Das Feuerlöschmittel wird entweder über eine Düse in den vorderen Bereich (FWD) oder über zwei Düsen in den hinteren Bereich (AFT) abgegeben.

Triebwerksystem

Die A320-Familie ist mit International Aero Engines (IAE) V2500 Serien-Triebwerken ausgestattet. Wie die meisten modernen Triebwerke besteht dieses Triebwerk aus einer Niederdruckkompressor stufe, einer Hochdruckkompressor stufe, einer Brennkammer und einer Turbine stufe.

Der Niedrigdrehzahl-Rotor (N1) besteht aus einem Frontlüfter und einem Niederdruckkompressor, der mit einer Niederdruckturbine verbunden ist.

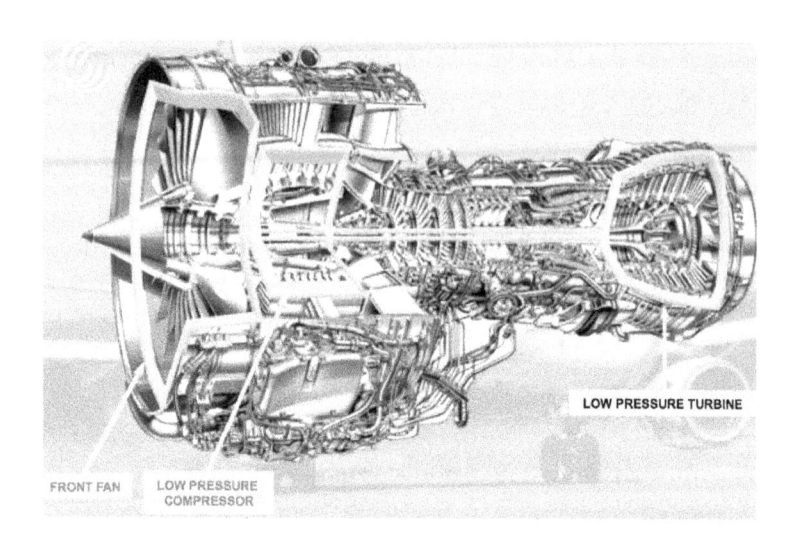

Der Hochdrehzahl-Rotor (N2) besteht aus einem Hochdruckkompressor, der mit einer Hochdruckturbine verbunden ist.

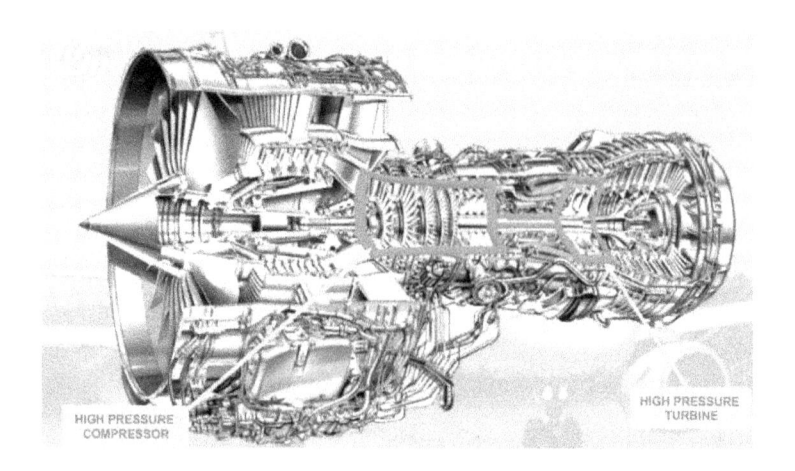

Die Brennkammer ist mit zwei Zündkerzen ausgestattet, die als A und B bezeichnet werden.

Jedes Triebwerk ist mit einem Full Authority Digital Engine Control System (FADEC) ausgestattet, das eine vollständige Triebwerksverwaltung bietet. Jedes FADEC hat zwei identische und unabhängige Kanäle, A und B.

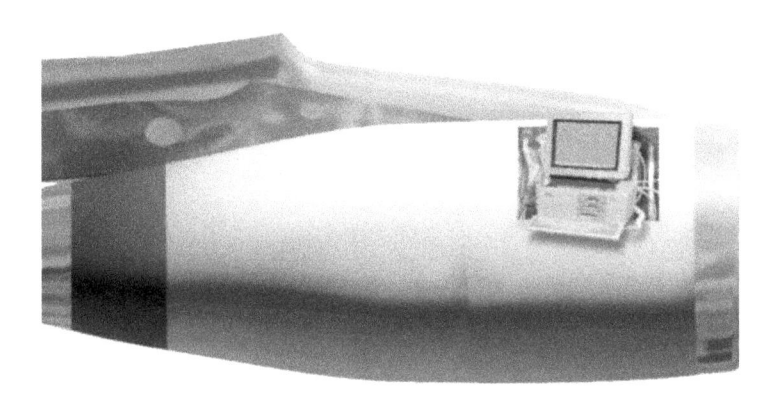

Jedes Triebwerk ist mit Schubumkehrern ausgestattet. Die Schubumkehrer lenken den Luftstrom nach vorne, um das Flugzeug zu verlangsamen.

Die Triebwerke werden über die Schubhebel gesteuert, die sich am Center Pedestal befinden.

1. Schubhebel-Panel
2. Schubhebel
3. Diese beiden Hebel steuern die Schubumkehrer.
4. Auto Thrust Disconnection pb.

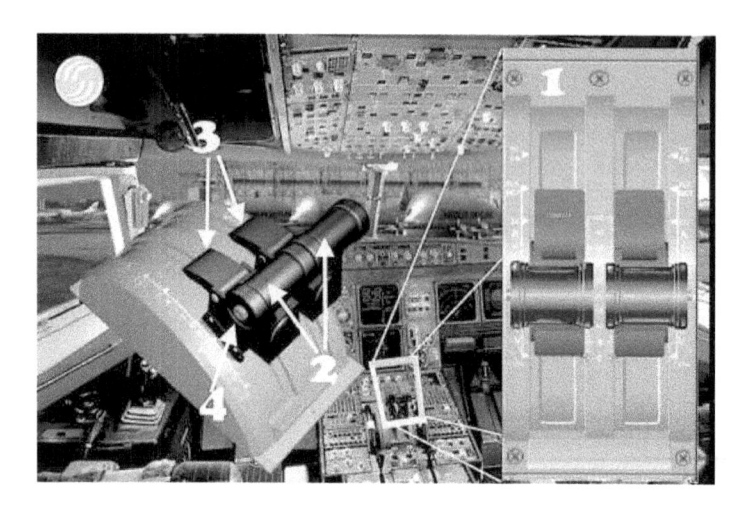

Die Steuerungen für den Start und das Abschalten der Triebwerke befinden sich am Center Pedestal direkt hinter den Schubhebeln. Der

Engine Master Switch und der Engine Mode Selector ermöglichen es den Piloten, die Triebwerke automatisch zu starten oder sie einfach trocken zu drehen. Sobald die Triebwerke laufen, kann der Moduswahlregler auch eine kontinuierliche Zündung bereitstellen. Jedes Triebwerk ist mit einer Feuer- und Fehlerleuchte ausgestattet.

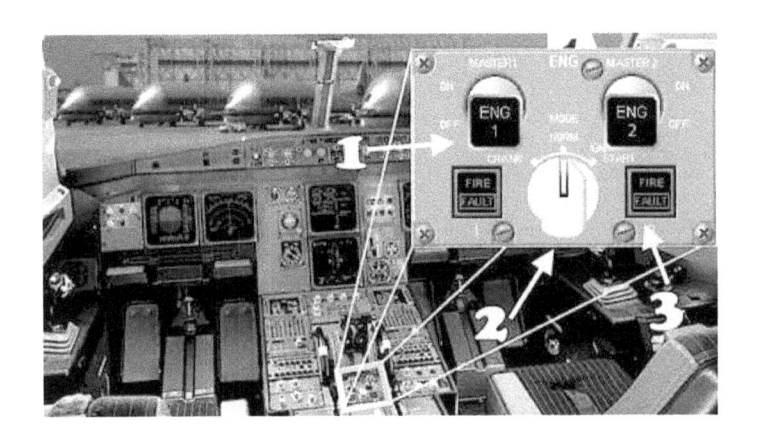

Schließlich gibt es auf dem Überkopf-Panel ein zusätzliches Panel, das für den manuellen Start und bei abnormalen Betriebszuständen verwendet wird.

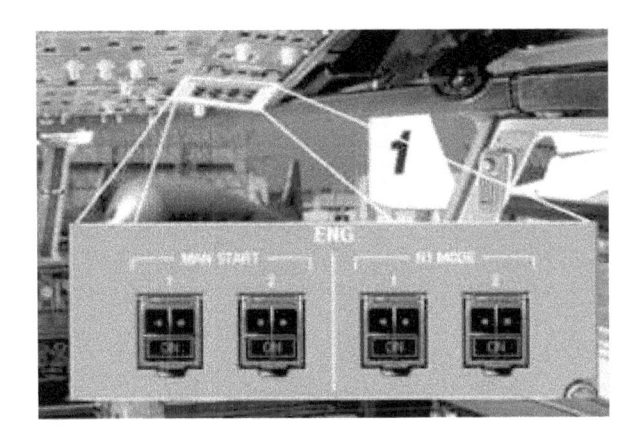

Systeme 4

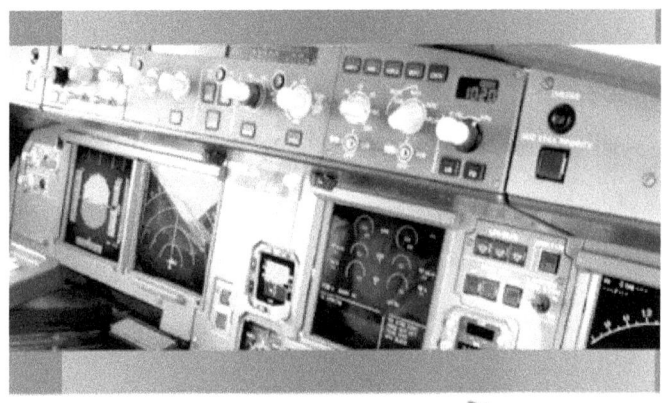

Autopilot

Das AUTOFLIGHT-System der A320-Familie wurde entwickelt, um die Arbeitsbelastung des Piloten zu reduzieren, die Sicherheit zu erhöhen und die Leistung zu optimieren. Sie sollten ein gutes Verständnis des AUTOFLIGHT-Systems und seiner Anwendung haben, um das Flugzeug sicher und effizient zu betreiben. Anschließend werden wir den Einsatz des Systems während eines normalen Fluges untersuchen. Lassen Sie uns zunächst eine grundlegende konzeptionelle Vorstellung vom Autoflight-System entwickeln. Das Autoflight-System kann als bestehend aus vier Hauptbereichen betrachtet werden. Im Zentrum des Systems befindet sich ein Berechnungs- und Verarbeitungsbereich, das "Gehirn"! Der zentrale Verarbeitungsbereich hat Zugang zu mehreren Informationsquellen. Die Piloten haben über Eingabegeräte Zugriff auf den zentralen Verarbeitungsbereich. Schließlich, nach der Berechnung und Verarbeitung, werden Befehle an Ausgabegeräte übermittelt.

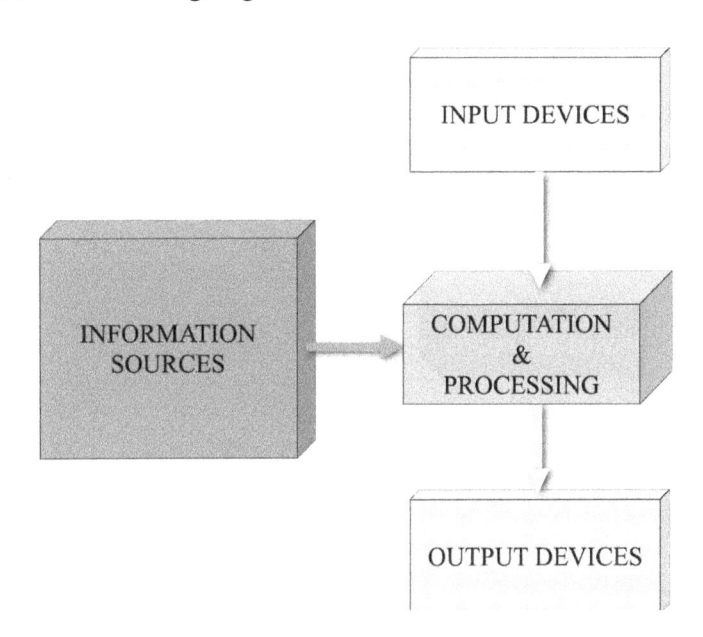

Für das Autoflight-System der A320-Familie erfolgt die Berechnung und Verarbeitung durch zwei Flight Management Guidance Computers (FMGC). Die beiden FMGCs sind identisch und arbeiten normalerweise zusammen, sodass wir sie zu Schulungszwecken als die FMGCs zusammenfassen.

Die FMGCs erhalten: Navigationsinformationen – Diese enthalten Details zu Flughäfen, Navigationshilfen (navaids), Luftstraßen, Routen, Waypoints, Verfahren (SIDs, STARs, Anflüge, verpasste Anflüge), usw. Flugleistungsinformationen. Das Air Data and Inertial Reference System (ADIRS) und das Global Positioning System (GPS) für Positions- und Dynamikinformationen. (Mehr dazu lernen Sie im Kapitel Navigation.) Die Uhr. Radio-Navigationsinformationen.

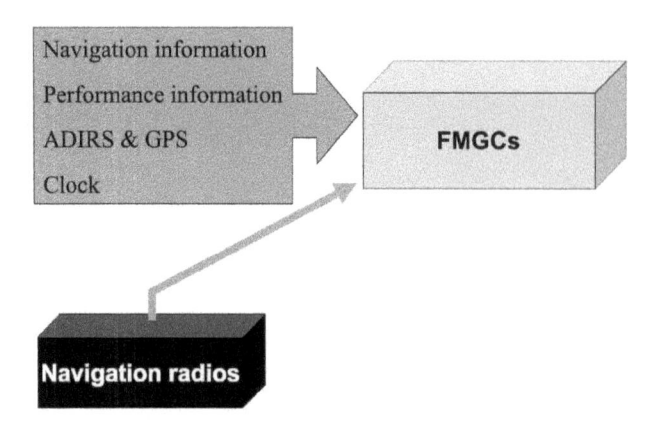

Die Piloten geben Eingaben in die FMGCs über zwei Multipurpose Control and Display Units (MCDU) und eine Flight Control Unit (FCU) ein.

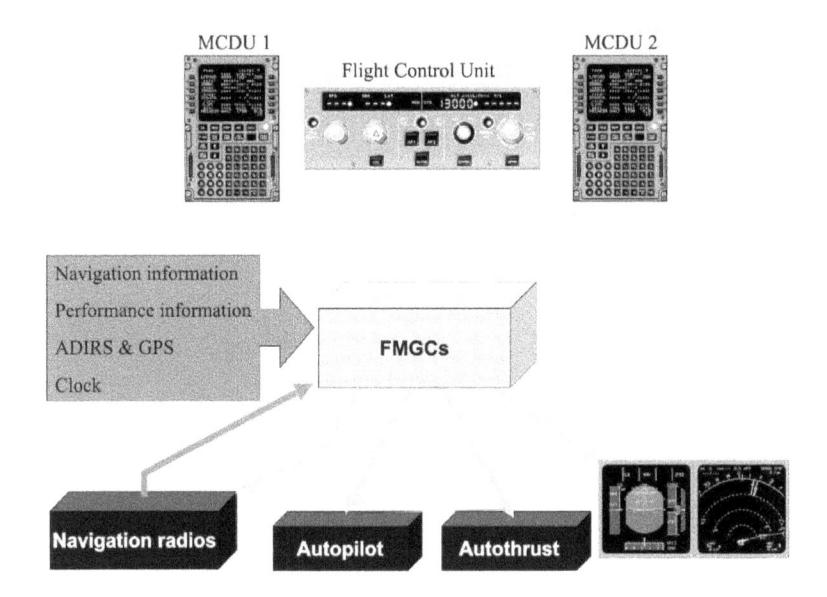

Die FMGCs liefern Ausgaben an das Autopilot-System für die Steuerung von Nick-, Roll- und Gierbewegungen, das Autothrust-System zur Steuerung des Schubs, das EFIS-System zur Anzeige von Informationen, die Navigationsradios für die automatische Einstellung von Funknavigationshilfen. Die FMGCs sind in drei Hauptteile unterteilt:

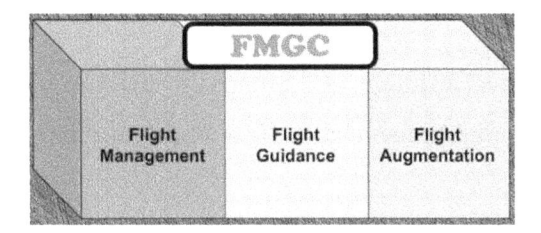

Der Flight Management-Teil der FMGCs steuert die folgenden Funktionen:

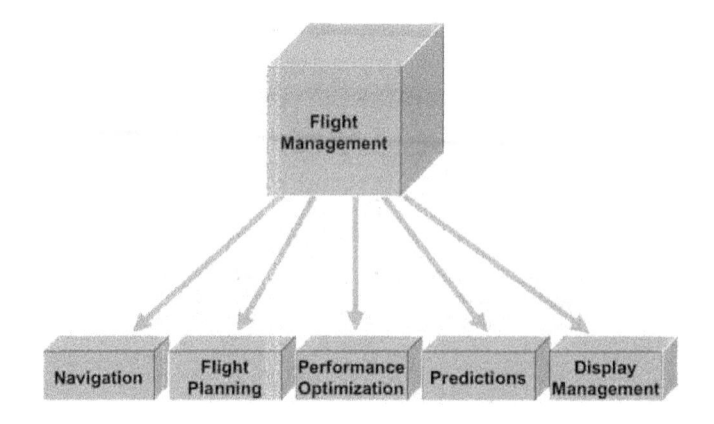

Navigation: Die genaue Position des Flugzeugs und die Fähigkeit, dem programmierten Flugplan automatisch zu folgen.

Flugplanung: Die Berechnung des Flugplans.

Leistungsoptimierung: Kosten-, Geschwindigkeits- und Höhenoptimierung.

Vorhersagen: Genaue Schätzungen für Waypoints, Höhen, Geschwindigkeiten, Kraftstoff, Ziele und Alternativen.

Anzeigeverwaltung: Steuerung der Informationen zum EFIS-System, um Autoflight-Modi und Navigationsinformationen anzuzeigen.

Der Flight Guidance-Teil der FMGCs bietet:

Autopilot-Befehle zur automatischen Steuerung von Nick-, Roll- und Gierbewegungen,

Autothrust-Befehle zur automatischen Steuerung des Schubs,

Flight Director-Befehle für die Steuerung von Nick-, Roll- und Gierbewegungen durch den Piloten.

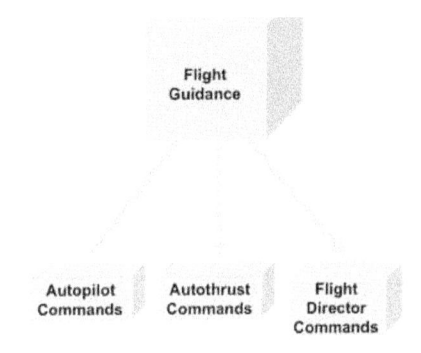

```
                    Flight
                   Guidance

     Autopilot    Autothrust    Flight
     Commands     Commands      Director
                                Commands
```

Der Flight Augmentation-Teil der FMGCs bietet:

Berechnungen des Flugbereichs (z.B. Übergeschwindigkeits- und Unter geschwindigkeitswarnungen),

Automatische Geschwindigkeitsberechnung (z.B. die maximalen Klappen-Geschwindigkeiten, die auf dem PFD angezeigt werden),

Windshear-Warnungen und -Leitlinien.

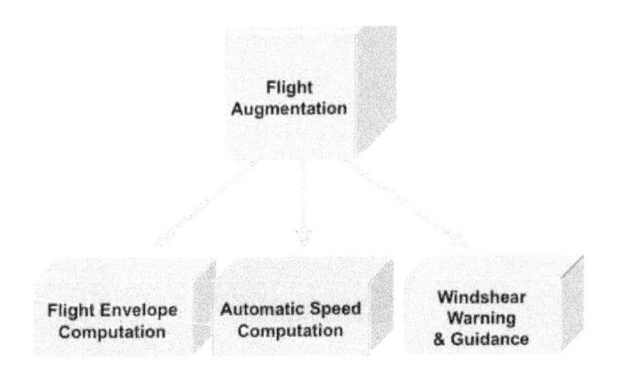

```
                    Flight
                 Augmentation

   Flight Envelope   Automatic Speed   Windshear
   Computation       Computation       Warning
                                       & Guidance
```

Bisher haben wir die beiden FMGCs für unsere grundlegende Systembeschreibung zusammengefasst. Jetzt betrachten wir das tatsächliche Layout. Als allgemeine Regel haben die beiden FMGCs Zugriff auf die gleichen Informationsquellen und tauschen Informationen aus.

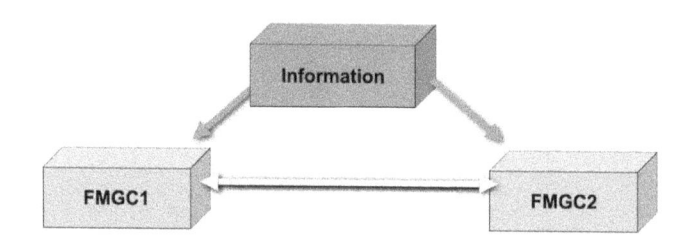

Jeder FMGC ist mit seinem eigenen MCDU verbunden. Zum Beispiel werden Informationen von MCDU 1 von beiden FMGCs empfangen, sodass die Informationen synchronisiert sind. Die Eingaben von der FCU werden an beide FMGCs übermittelt. Beide FMGCs senden Befehle an das Autothrust-System. Das Autothrust-System verfügt über zwei Kanäle, und je nachdem, welcher FMGC der Master ist, wird der zugehörige Autothrust-Kanal verwendet.

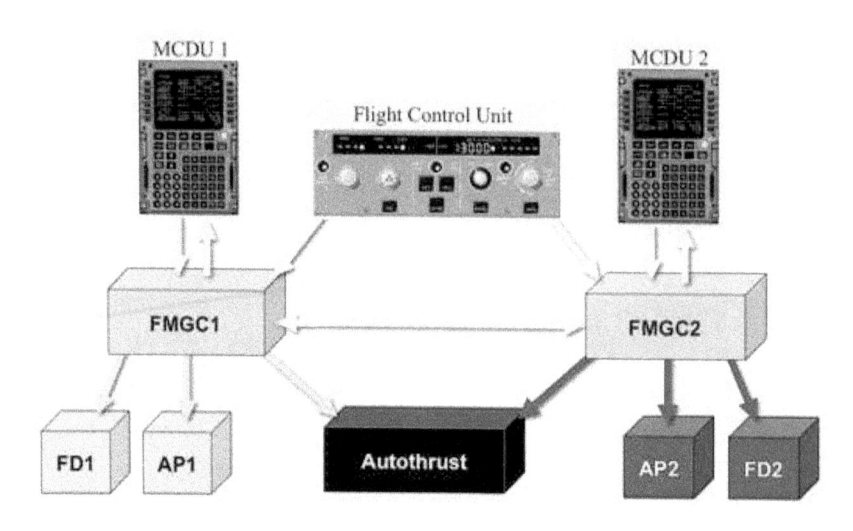

Lassen Sie uns nun speziell auf die Funktionen und Steuerungen der Flight Control Unit (FCU) eingehen, die Thema dieses Moduls ist. Die FCU kann für folgende Funktionen verwendet werden: Geschwindigkeits-/Mach-Kontrolle, Längssteuerung, Höhensteuerung und Autopilot- und/oder Autothrust-Auswahl.

Werfen wir nun einen genaueren Blick auf diese Steuerungen.

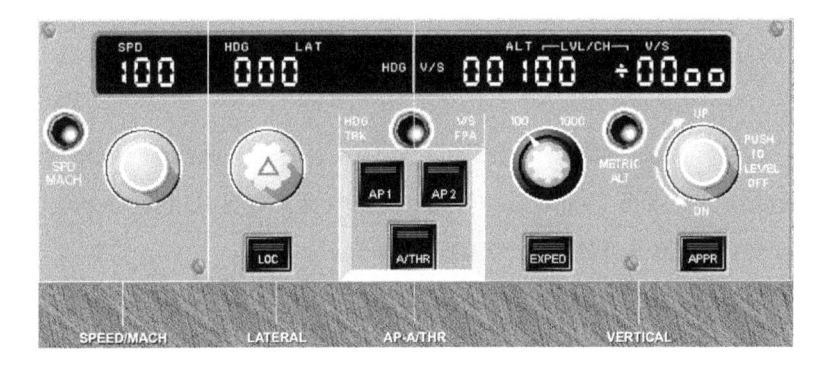

Nun betrachten wir, wie die **Flight Guidance** ihre Funktion der automatischen Schubsteuerung umsetzt: das **Auto THRUST-System (A/THR)**. Das A/THR kann in zwei verschiedenen Modi arbeiten:

SPEED-Modus: Das A/THR passt kontinuierlich den Schub an, um eine Zielgeschwindigkeit oder Machzahl zu halten, z. B. während des Reiseflugs oder im Anflug.

THRUST-Modus: Das A/THR stellt einen gegebenen Schub ein, z. B. **MAX CLB** (maximale Steigrate) oder **IDLE** (Leerlauf).

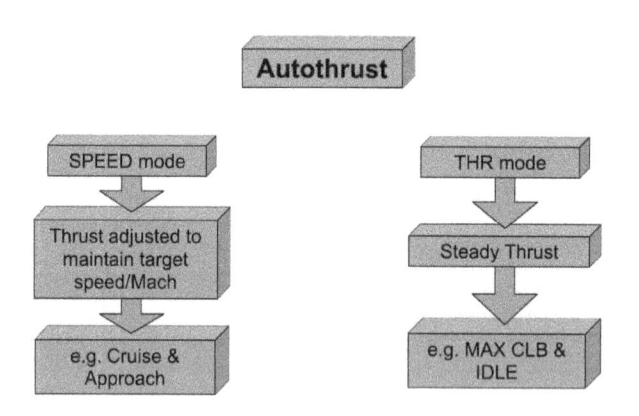

Die **A/THR-Modi** sind automatisch mit den vertikalen **AP/FD-Modi** verbunden:

Wenn der **AP/FD**-vertikale Modus eine Trajektorie steuert, z. B. Höhenhaltung, **V/S** (Vertikale Geschwindigkeit), **G/S** (Glide-Slope), usw., befindet sich das **A/THR** im **SPEED-Modus**.

Wenn der **AP/FD**-vertikale Modus die **Nickeinstellung** des Flugzeugs anpasst, um eine Zielgeschwindigkeit oder Machzahl zu halten, z. B. bei einem Steigflug oder Sinkflug, befindet sich das **A/THR** im **THRUST-Modus**.

Autothrust

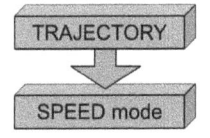

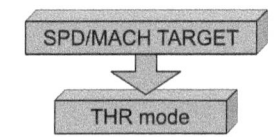

TRAJECTORY → SPEED mode

SPD/MACH TARGET → THR mode

Die Haupt steuerungselemente des Piloten für das A/THR sind die Schubhebel. Beim A320 wird der Schub durch das A/THR nicht direkt auf die Schubhebel zurückgeführt, während der Schub angepasst wird. Werfen wir einen genaueren Blick auf die Schubhebel.

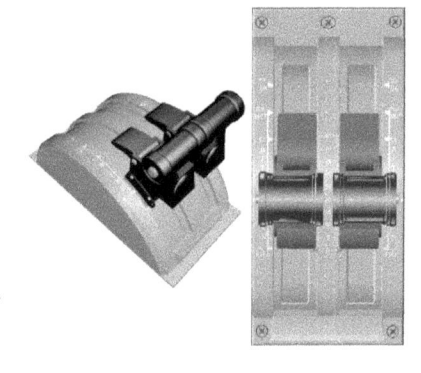

Wenn das A/THR AUS ist, steuert die Besatzung den Schub wie gewohnt, indem sie die Schubhebel über ein Quadranten-System bewegt. Für den Vorwärts-Schub verfügt dieses Quadrant über vier physische Riegel oder Stopp-Positionen, die wie folgt sind:

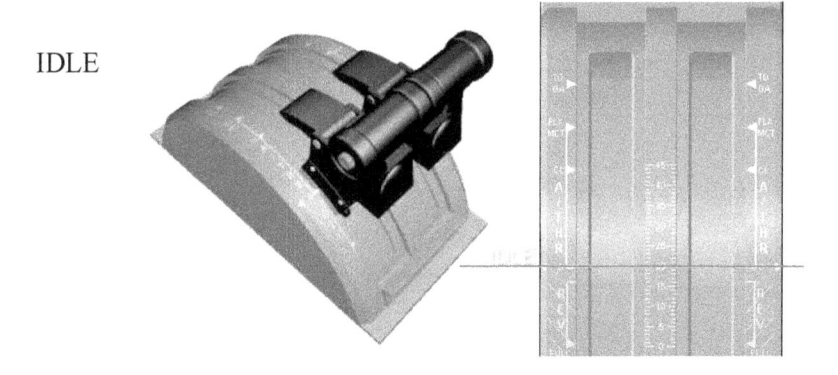

IDLE

CLIMB

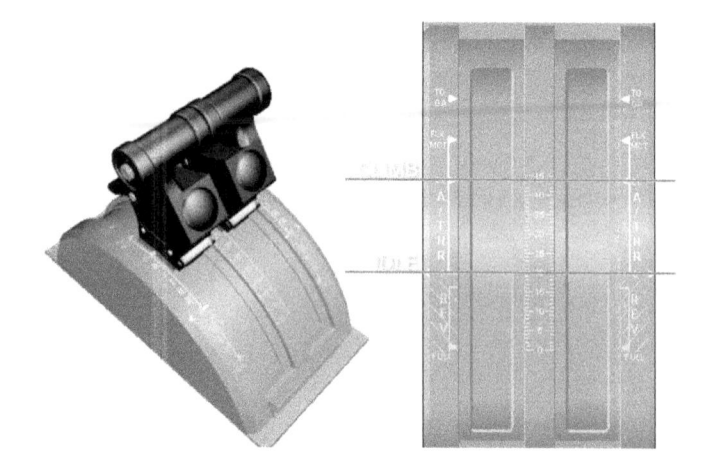

FLEX/MCT

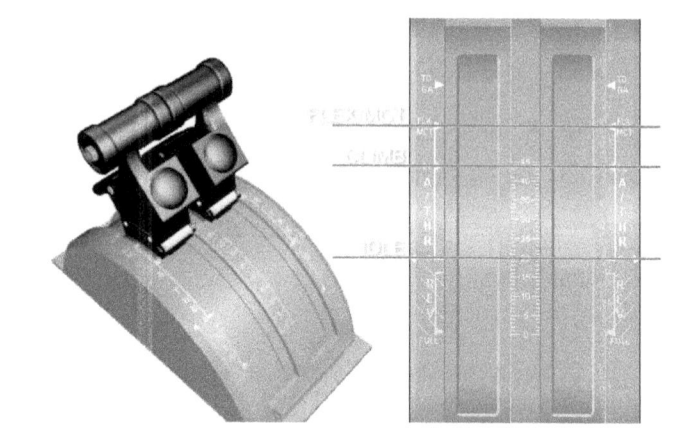

TOGA

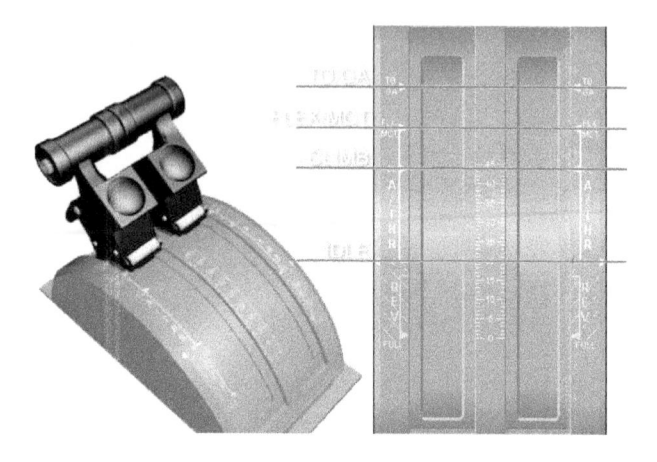

Das A/THR kann nur arbeiten, wenn die Schubhebel vor der IDLE-Riegelposition eingestellt sind. Wenn die Schubhebel vom Piloten im Bereich für Reverse eingestellt sind, kann das A/THR nicht arbeiten.

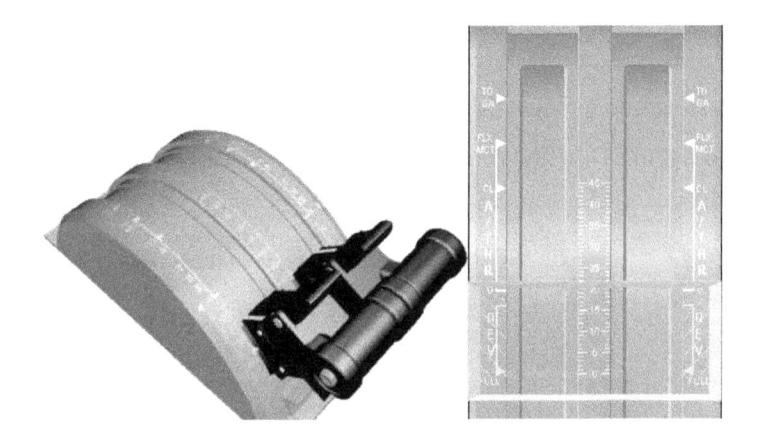

Wenn das A/THR aktiviert ist, bestimmt die Position der Schubhebel den maximalen Schub, der vom Autothrust-System angefordert werden kann. Beispielsweise, um im SPEED-Modus zu beschleunigen. Auf der "Thrust"-Anzeige, die wir im Kapitel über die Triebwerke besprechen werden, wird die Position der Schubhebel angezeigt, die den für den A/THR verfügbaren Schub für den normalen Betrieb anzeigt.

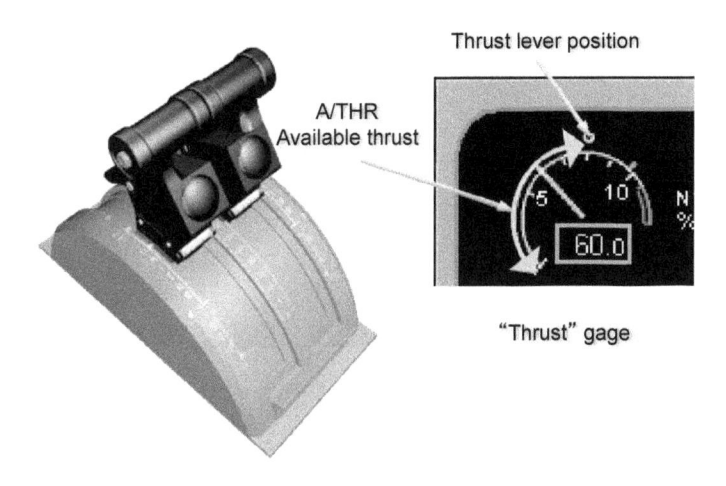

Thrust lever position

A/THR
Available thrust

"Thrust" gage

Wir haben gesehen, dass eines der wichtigsten Eingabegeräte für die FMGCs die FCU ist. Gutes CRM (Crew Resource Management) erfordert, dass Sie alle Eingaben mit der entsprechenden Ausgabe überprüfen. In fast allen Fällen, wenn Sie eine Eingabe auf der FCU machen, überprüfen Sie Ihre Aktion auf dem PFD, und meist werden Sie dies auch auf dem Flight Mode Annunciator (FMA) überprüfen, der sich oben auf dem PFD befindet.

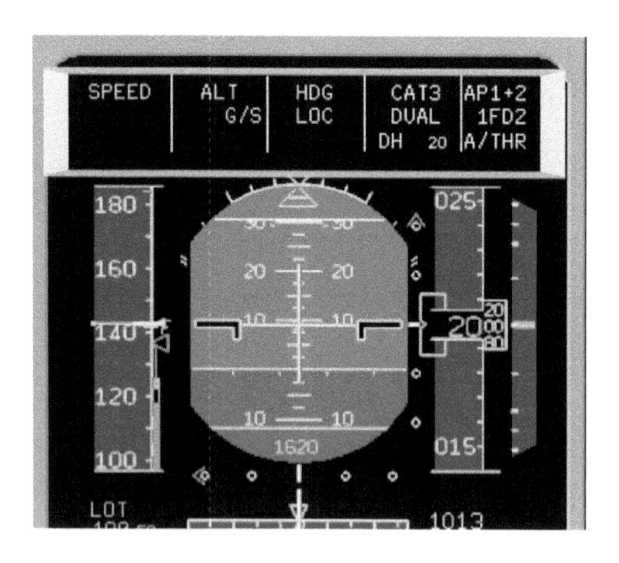

Wie Sie sehen können, ist das FMA in fünf Spalten unterteilt.

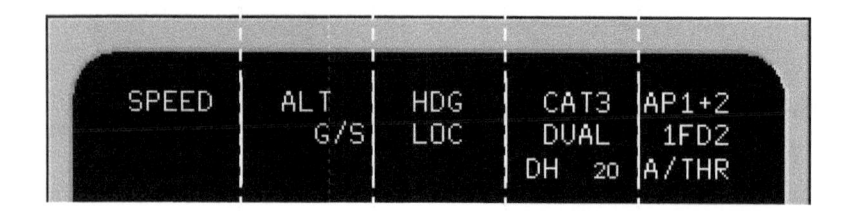

Lassen Sie uns das FMA nun im Detail besprechen.

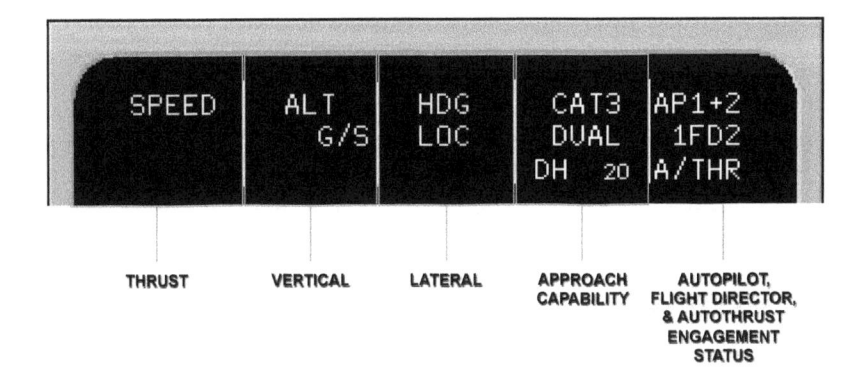

```
┌─────────┬─────────┬─────────┬─────────┬─────────┐
│  SPEED  │   ALT   │   HDG   │  CAT3   │  AP1+2  │
│         │   G/S   │   LOC   │  DUAL   │  1FD2   │
│         │         │         │  DH  20 │  A/THR  │
└────┬────┴────┬────┴────┬────┴────┬────┴────┬────┘
     │         │         │         │         │
  THRUST   VERTICAL   LATERAL   APPROACH   AUTOPILOT,
                                CAPABILITY FLIGHT DIRECTOR,
                                           & AUTOTHRUST
                                           ENGAGEMENT
                                           STATUS
```

Die erste Spalte ist der Schubregelung gewidmet. Hier erscheinen die Autothrust-Modi. Die zweite Spalte zeigt die vertikalen Modi des Autopiloten und der Flight Directors. Die dritte Spalte zeigt die lateralen Modi des Autopiloten und der Flight Directors. Die vierte Spalte gibt die Approach-Fähigkeit des Autoflight-Systems an. Die letzte Spalte zeigt den Engagement-Status des Flight Guidance Systems, des Autopiloten, der Flight Directors und des Autothrust.

In bestimmten Fällen werden die zweite und dritte Spalte kombiniert, um einen einzelnen Autopilot/FD-Modus anzuzeigen, der sowohl vertikal als auch lateral gemeinsam ist.

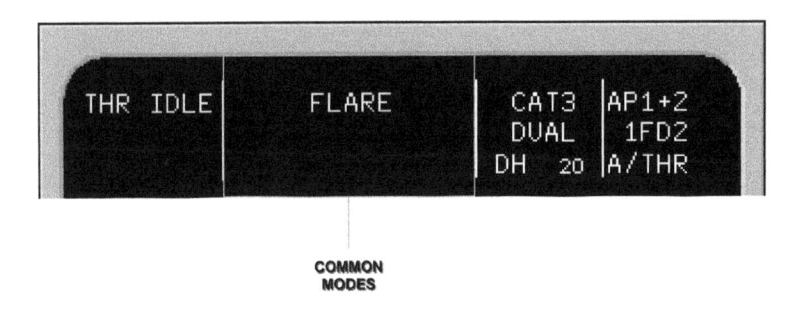

```
┌─────────┬───────────────────┬─────────┬─────────┐
│ THR IDLE│       FLARE       │  CAT3   │  AP1+2  │
│         │                   │  DUAL   │  1FD2   │
│         │                   │  DH  20 │  A/THR  │
└─────────┴─────────┬─────────┴─────────┴─────────┘
                    │
                 COMMON
                 MODES
```

Diese Modi werden als Common Modes bezeichnet und treten während des Anflugs und der Landung auf. Sie werden alle Modi in späteren Modulen studieren. Das FMA kann in jeder Spalte drei Zeilen anzeigen. Schauen wir uns die ersten drei Spalten an.

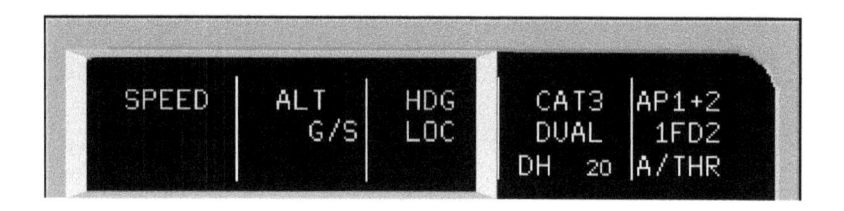

```
SPEED   | ALT  | HDG   CAT3  |AP1+2
        | G/S  | LOC   DUAL  | 1FD2
                       DH 20 |A/THR
```

Die erste Zeile zeigt die aktiven Modi des Flight Guidance Systems:

In unserem Beispiel ist der SPEED-Modus für das Autothrust aktiviert. Das bedeutet, dass das Autothrust die Leistung so anpasst, dass die gewünschte oder Zielgeschwindigkeit erreicht wird.

Der Altitude (ALT)-Modus ist für den vertikalen Modus aktiviert. Das bedeutet, dass der Autopilot/FD die Führung übernimmt, um die Höhe zu halten.

Der Heading (HDG)-Modus ist für den lateralen Modus aktiviert. Das bedeutet, dass der Autopilot/FD die Führung übernimmt, um den Kurs zu halten.

```
SPEED   | ALT  | HDG   CAT3  |AP1+2
        | G/S  | LOC   DUAL  | 1FD2
                       DH 20 |A/THR
```

Die Farbcodierung wird später erklärt, wenn das Konzept von Managed Guidance und Selected Guidance behandelt wird. Im gezeigten Beispiel zeigt blau die Aktivierung der Glideslope (G/S)- und Localizer (LOC)-Fänge an, was bedeutet, dass die Systeme auf den Empfang der Glideslope- und Localizer-Signale vorbereitet sind.

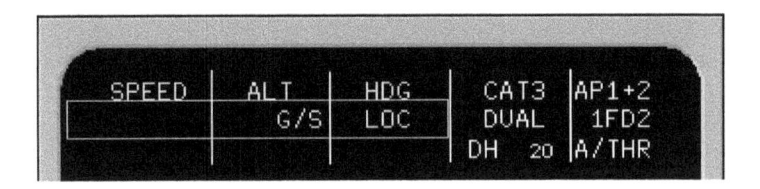

In unserem Beispiel weist die Nachricht "CHECK APP SEL" darauf hin, dass der ausgewählte Anflug überprüft werden muss. Einige Nachrichten werden über zwei Spalten verteilt angezeigt.

Die Logik der Zeilen in den letzten beiden Spalten unterscheidet sich von den ersten drei. Die vierte Spalte liefert Informationen zum Anflug. Die ersten beiden Zeilen zeigen an, dass das Autoflight-System in der Lage ist, einen Category III ILS Anflug im Fail-Active-Modus (d.h. CAT 3b) durchzuführen.

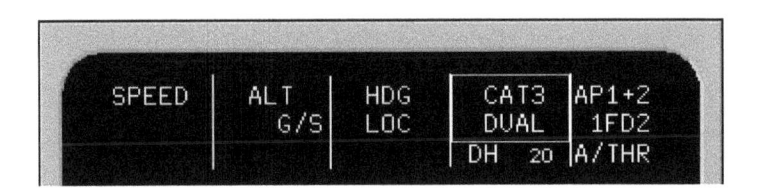

Die letzte Zeile der vierten Spalte zeigt die von den Piloten für den Anflug ausgewählten "Minimums" an. Dies wird im FMGS Trainer durchgeführt.

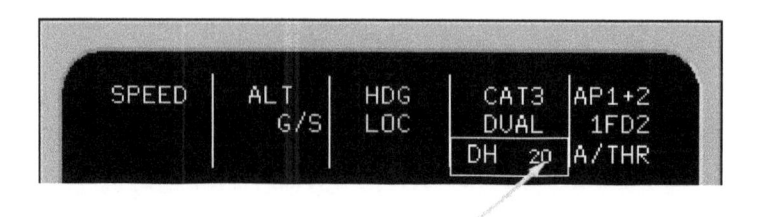

```
SPEED | ALT  | HDG | CAT3 | AP1+2
      | G/S  | LOC | DUAL | 1FD2
      |      |     | DH 20| A/THR
```

Beachten Sie, dass der numerische Wert der Entscheidungshöhe in Blau angezeigt wird, während der Rest der Informationen in Weiß dargestellt ist. Die letzte Spalte zeigt den Engagement-Status des Flight Guidance Systems an:

• Zeile 1 für die Autopiloten (Autopiloten 1 und 2 sind aktiviert),

• Zeile 2 für die Flight Directors (FD 1 und 2 sind aktiviert),

• Die letzte Zeile ist für das Autothrust (A/THR, wie in Weiß angezeigt, bedeutet, dass das Autothrust aktiviert ist).

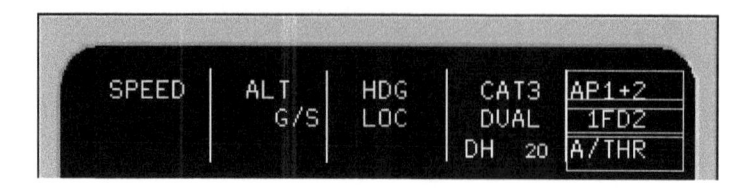

```
SPEED | ALT  | HDG | CAT3 | AP1+2
      | G/S  | LOC | DUAL | 1FD2
      |      |     | DH 20| A/THR
```

Wenn sich ein Modus auf dem FMA ändert, wird er für einige Sekunden eingerahmt, um die Aufmerksamkeit des Piloten auf diesen neuen Status zu lenken.

In unserem Beispiel fängt das Flugzeug gerade den Localizer ein. Beachten Sie, dass die Glide Slope noch armed ist.

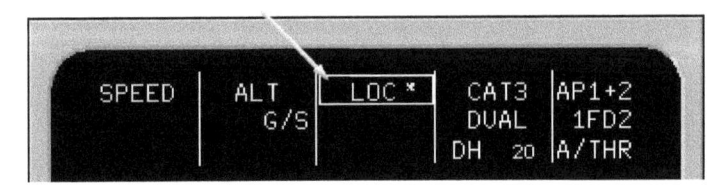

```
SPEED   ALT    LOC *    CAT3   AP1+2
        G/S             DUAL   1FD2
                        DH  20 A/THR
```

Hydrauliksystem

Die A320-Familie verfügt über drei unabhängige Hydrauliksysteme: GRÜN, GELB und BLAU. Lassen Sie uns die Systeme nun im Detail betrachten.

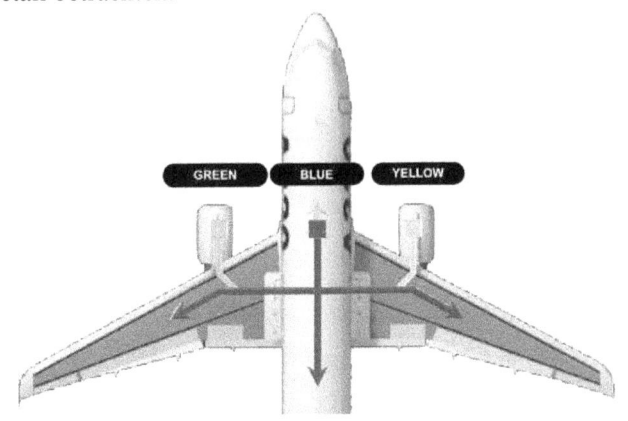

Das GRÜNE und GELBE Hydrauliksystem werden jeweils durch eine motorbetriebene Pumpe unter Druck gesetzt. Das GELBE Hydrauliksystem kann auch durch eine elektrische Pumpe unter Druck gesetzt werden. Eine Power Transfer Unit (PTU) ermöglicht es dem GRÜNEN System, durch das GELBE System unter Druck gesetzt zu werden und umgekehrt. Feuerabsperrventile befinden sich zwischen den Reservoirs und den motorgetriebenen Pumpen. Das BLAUE Hydrauliksystem wird durch eine elektrische Pumpe unter Druck gesetzt.

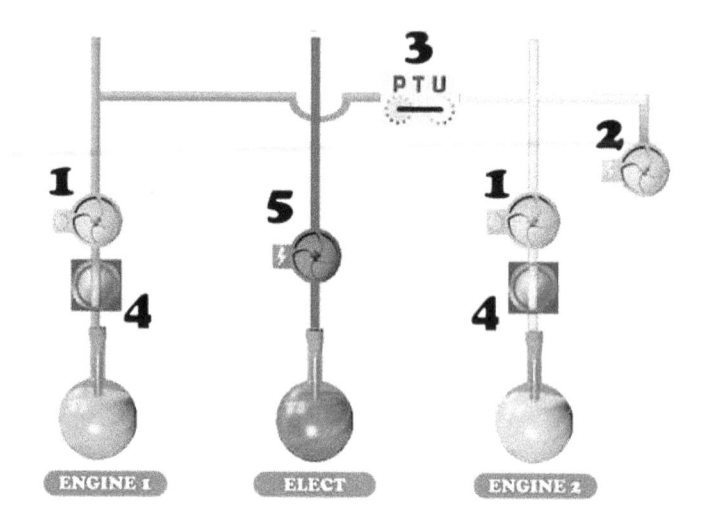

1. Motorbetriebene Pumpe
2. Elektrische Pumpe
3. Power Transfer Unit (PTU)
4. Feuerabsperrventil
5. Elektrische Pumpe Blaues System

Alle Komponenten, die wir besprochen haben, werden auf der ECAM HYD-Seite angezeigt. Schauen wir uns das an:

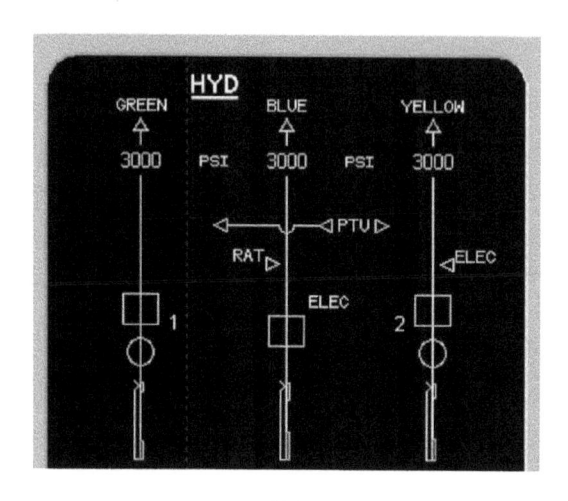

Die Steuerungen für die Komponenten, die wir eingeführt haben, befinden sich auf dem Hydrauliksteuerungs panel oben.

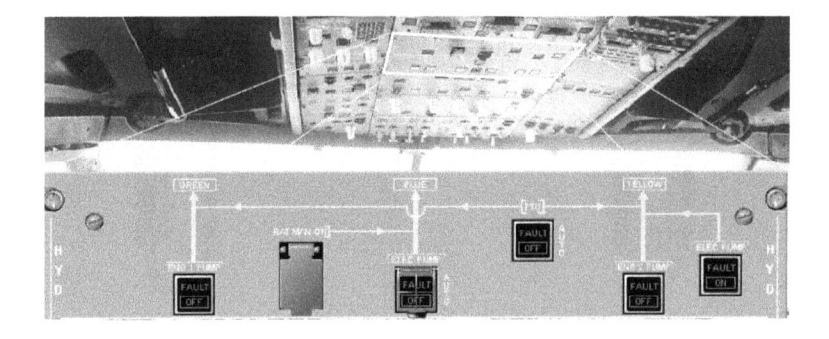

Lassen Sie uns nun zusammen zur ECAM HYD-Seite gehen, zusammen mit dem Hydrauliksteuerungspanel. Das Hydrauliksystem ist vollautomatisch. Jeder Pumpen- und PTU-Mechanismus hat jedoch einen zugehörigen Drucktaster für den abnormen Betrieb. Jede hydraulische Motorpumpe wird durch einen Drucktaster auf dem oberen Panel gesteuert. Jede elektrische Hydraulikpumpe wird ebenfalls durch einen Drucktaster gesteuert, und die PTU wird ebenfalls durch einen Drucktaster gesteuert.

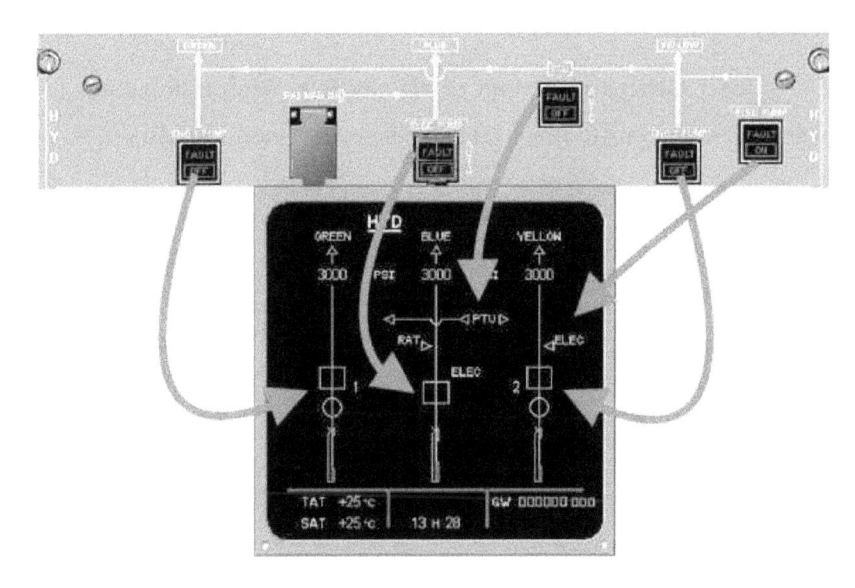

Elektrisches

Das elektrische System des A320 ähnelt sehr den elektrischen Systemen, die Sie bereits kennen. Es ist einfach automatischer und leichter zu bedienen. Es gibt zwei motorgetriebene Generatoren.

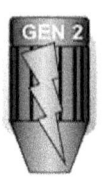

Die Generatoren halten eine konstante Geschwindigkeit durch einen Antriebsmechanismus, der als Integrated Drive Generator (IDG) bekannt ist.

IDGs

IDG 1   IDG 1

Jeder Generator versorgt seinen eigenen Wechselstromkreis (AC): Generator 1 versorgt AC-Bus 1 und Generator 2 versorgt AC-Bus 2.

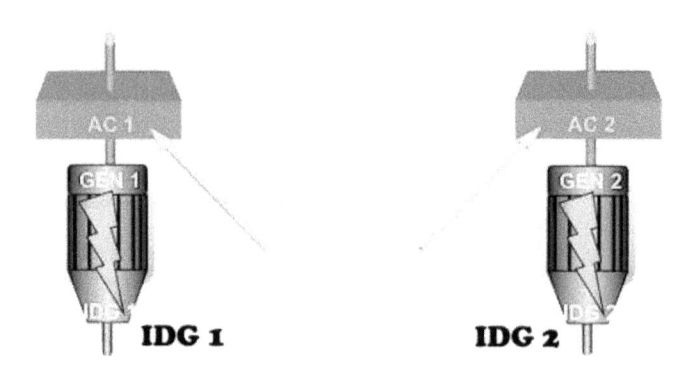

IDG 1   IDG 2

Each AC bus supplies its own Transformer Rectifier (TR): AC bus 1 to TR 1 andAC bus 2 to TR 2. The TR convert alternating current into direct current (DC) to supply their associated DC buses, DC 1 and DC 2.

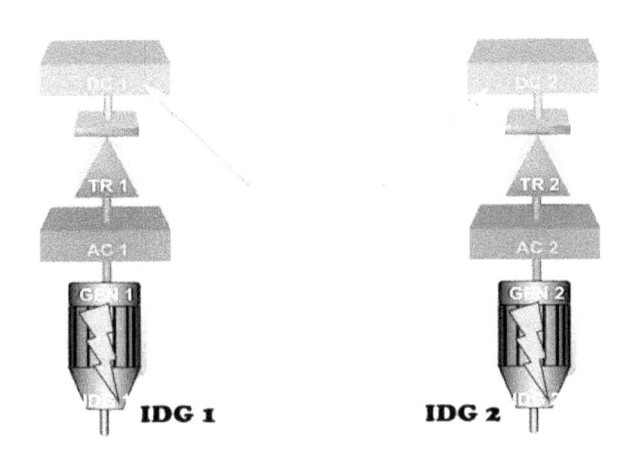

Der DC-Bus 1 speist dann den DC-Batteriebus (DC BAT). Der DC-Batteriebus kann die Batterien laden oder Strom aus den Batterien beziehen, je nach Bedarf. Dies wird weiter im Normalbetrieb erklärt.

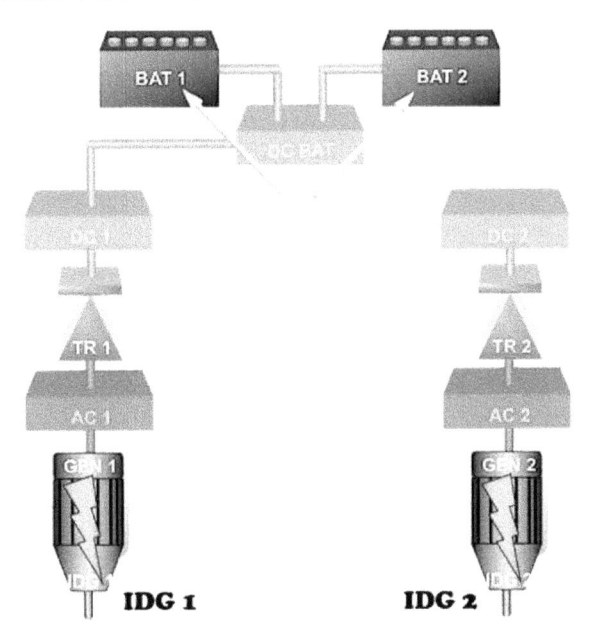

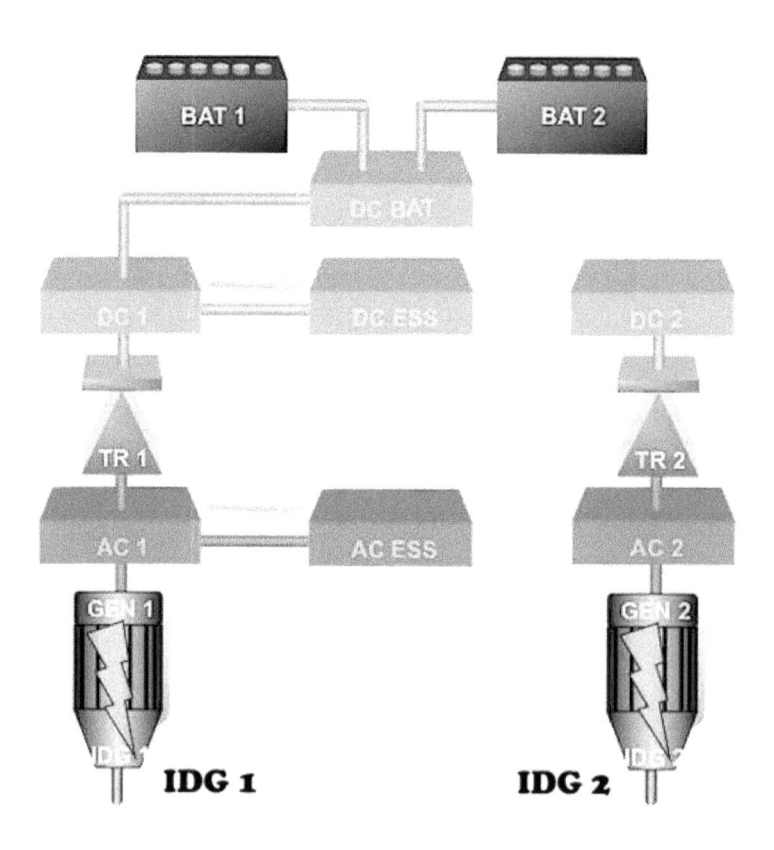

Das elektrische System umfasst auch zwei wesentliche Busse. Der erste ist der AC ESS-Bus, der von AC-Bus 1 gespeist wird, und der zweite ist der DC ESS-Bus, der von DC-Bus 1 gespeist wird. Dies ist das grundlegende elektrische System. Jetzt werden wir einige andere Komponenten einführen, die das Grundsystem versorgen.

Dies ist das grundlegende elektrische System. Jetzt werden wir einige andere Komponenten einführen, die das Grundsystem versorgen. Diese drei Generatoren sind alle identisch, und jeder einzelne von ihnen kann den gesamten elektrischen Bedarf des Flugzeugs decken.

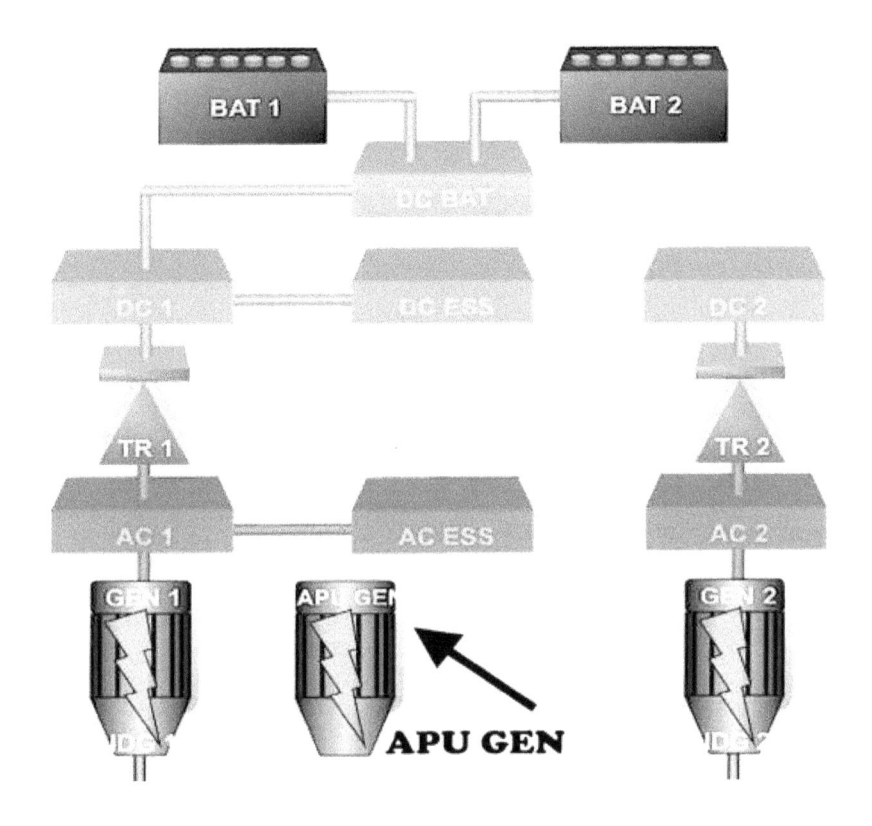

Am Boden kann das Flugzeug von einer externen Stromquelle versorgt werden. Als Notfallback gibt es einen hydraulisch betriebenen Notstromgenerator (EMER GEN).

Die hydraulische Energie zur Versorgung des EMER GEN wird von einer Ram Air Turbine (RAT) geliefert, die im Bauchbereich des Flugzeugs angebracht ist und im Falle eines schweren elektrischen oder hydraulischen Ausfalls ausgefahren wird.

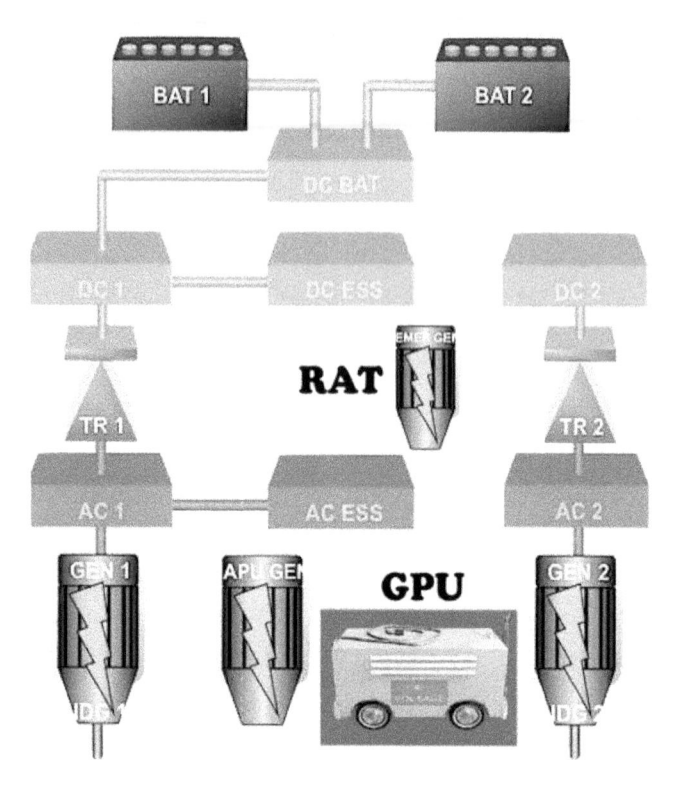

Nun lassen Sie uns ansehen, wie diese Informationen den Piloten im Cockpit angezeigt werden. Wir werden die ECAM ELEC-Seite einführen. Sie können sehen, dass alle Komponenten, die wir besprochen haben, auf der ECAM-Seite angezeigt werden. Beachten Sie, dass jede Komponente einen Titel hat, um die Identifikation zu erleichtern. Lassen Sie uns nun das Grundsystem mithilfe der ECAM ELEC-Seite kurz durchgehen.

Sie können auch die verschiedenen Verbindungen sehen, die durch grüne Linien angezeigt werden. Lassen Sie uns nun die verschiedenen Steuerungen, die den Piloten zur Verfügung stehen, lokalisieren und sie den auf der ECAM angezeigten Komponenten zuordnen.

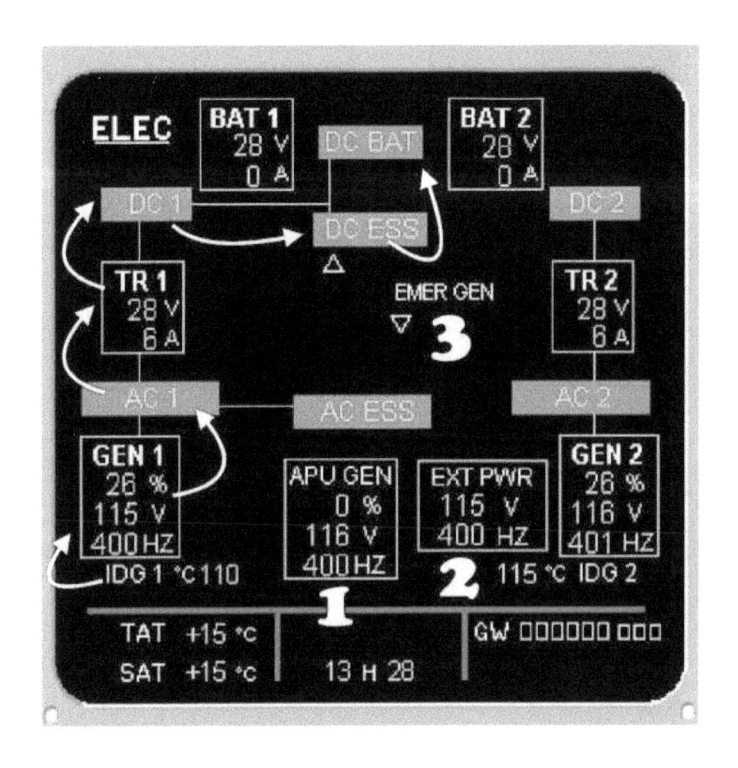

Das ELEC-Panel befindet sich auf dem oberen Panel.

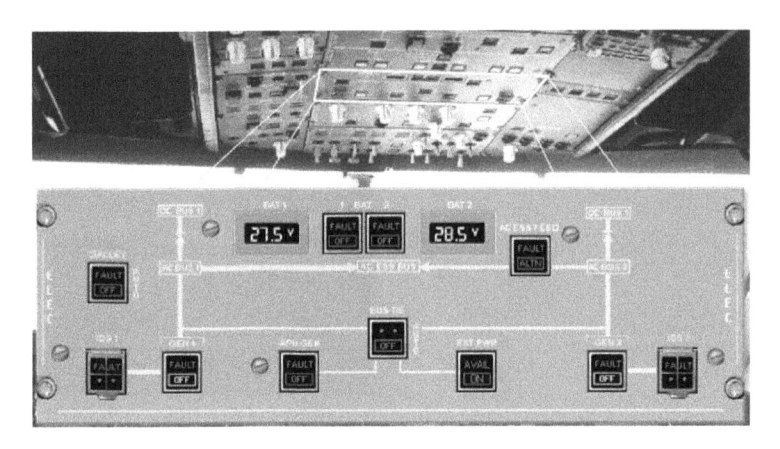

Für Notfälle gibt es ein EMER ELEC PWR Panel auf der linken Seite des oberen Panels. Lassen Sie uns nun die Beziehung zwischen dem ELEC-Panel und der ECAM ELEC-Seite betrachten.

123

Nun lassen Sie uns die Beziehung zwischen dem ELEC-Panel und der ECAM ELEC-Seite betrachten. Beide Hauptgeneratoren und der APU-Generator werden durch die zugehörigen Drucktaster (PB SW) gesteuert.

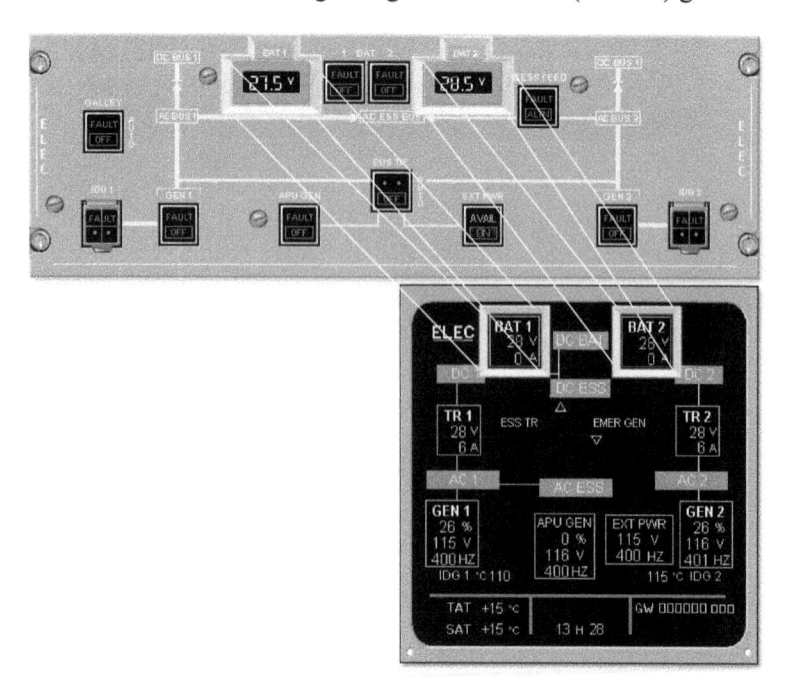

Die externe Stromquelle wird ebenfalls durch einen Drucktaster (PB SW) gesteuert. Der AC ESS FEED PB SW ermöglicht es den Piloten, die Speisung des AC ESS-Busses von AC-Bus 1 auf AC-Bus 2 umzuschalten.

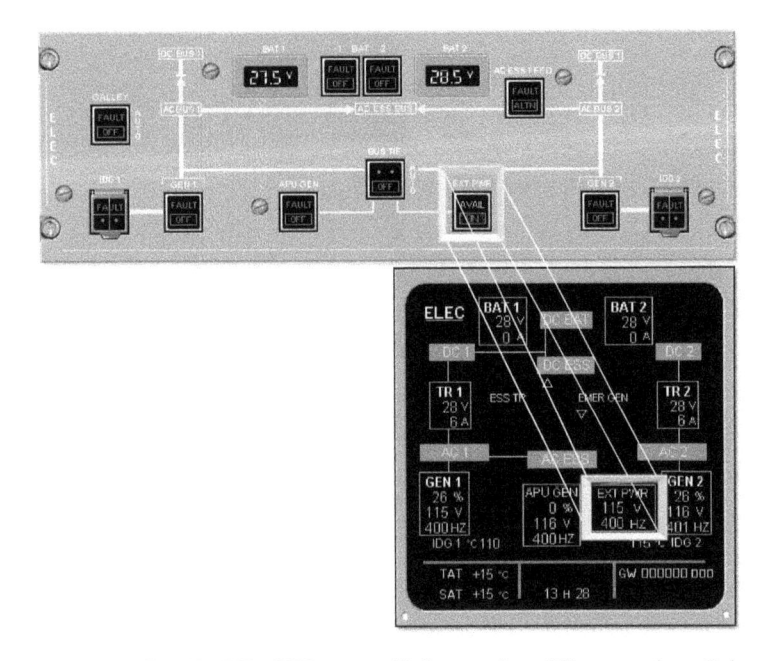

Der BUS TIE PB SW ermöglicht es den Piloten, eine Seite des Systems von der anderen zu isolieren. Dies werden Sie in den Modulen für den abnormalen Betrieb sehen und durchführen.

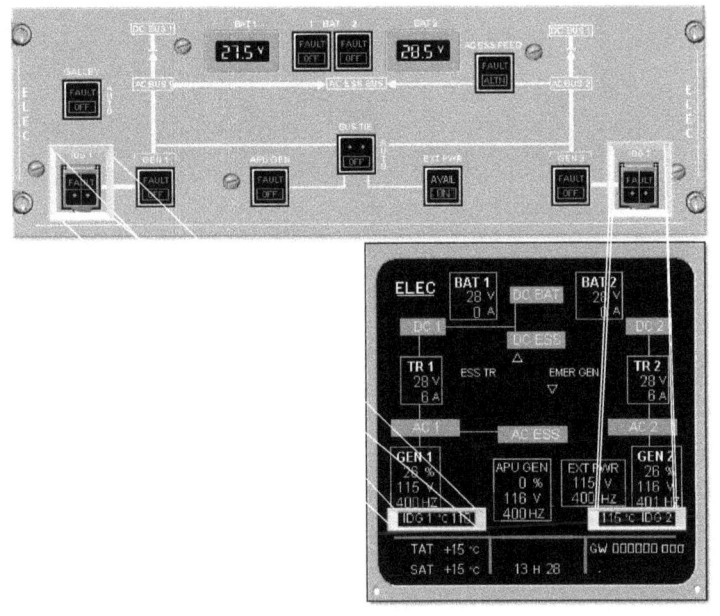

Landesfahrwerkssystem

Der A320 ist mit einem Hauptfahrwerk mit Doppellenkrädern ausgestattet, das nach innen einfährt, und einem Bugfahrwerk mit Doppellenkrädern, das nach vorne einfährt.

Die Räder des Hauptfahrwerks sind ausgestattet mit: Kohlenstoffbremsen für eine effiziente Bremsleistung, auch bei hohen Temperaturen, einem Anti-Schlupf-System (A/SKID), einem Automatischen Bremssystem (AUTO/BRK) und Bremsspeziallüftern.

Das Bugfahrwerk ist mit einer Bugradlenkung ausgestattet. Lassen Sie uns ansehen, wie dies auf der ECAM WHEEL-Seite angezeigt wird:

Jedes Rad wird durch ein grünes Dreieck dargestellt. An Punkt 2 stellt ein grüner Balken die geöffneten oder geschlossenen Fahrwerksklappen dar, und an Punkt 1 wird die Bremsentemperatur angezeigt.

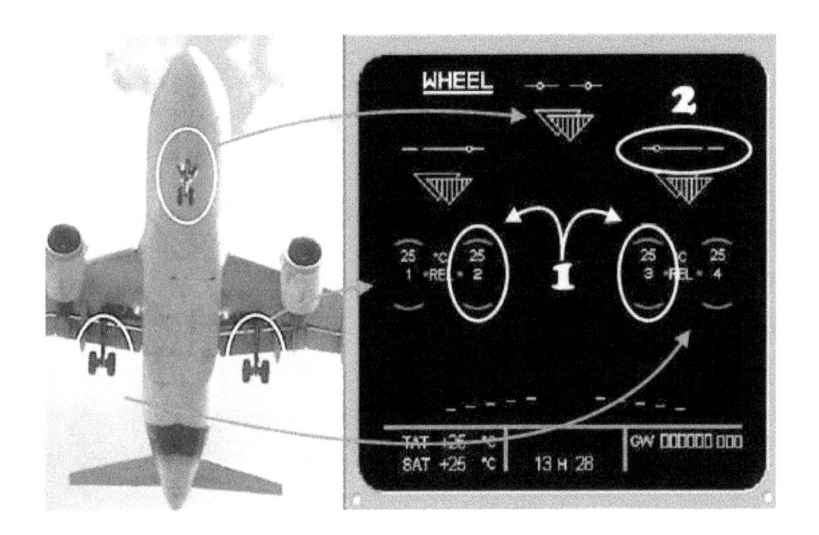

Nun gehen wir ins Cockpit, um die Bedienelemente und Anzeigen für das Fahrwerk, die Bremsen und die Lenkung zu lokalisieren. Der Fahrwerk-Wählhebel befindet sich auf dem Zentralinstrumenten panel. Direkt oberhalb des Fahrwerkhebels befindet sich ein Panel mit Schaltern und Anzeigen für:

- AUTO/BRK
- A/SKID & N/W STRG
- BRK FAN
- LDG GEAR Anzeige.

Wenn die Autobremsen verwendet werden, erfolgt die Auswahl von LO, MED oder MAX über diese Drucktaster (PB SW). Der Anti-Schlupf- und Bugradlenk-Schalter steuert beide Funktionen. Der Schalter befindet sich normalerweise in der ON-Position.

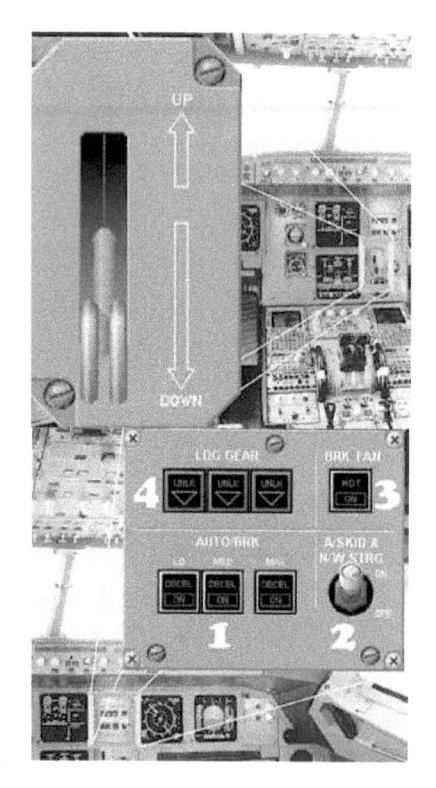

Der Fahrwerksnot-Ausziehhebel befindet sich auf dem Zentral-Pedestal.

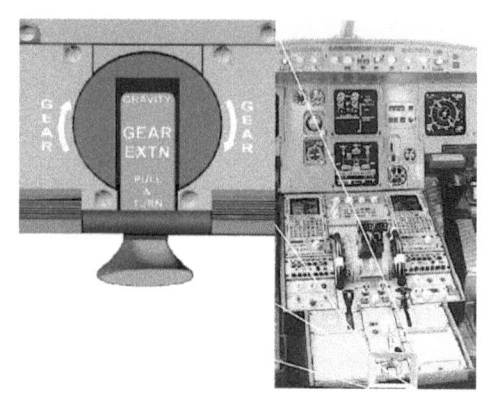

Die Lenkräder zur Steuerung des Bugrades befinden sich auf beiden Seiten des Cockpits, sodass jeder Pilot das Flugzeug rollen kann.

Auch die Ruderpedale können zur Lenkung des Flugzeugs verwendet werden.

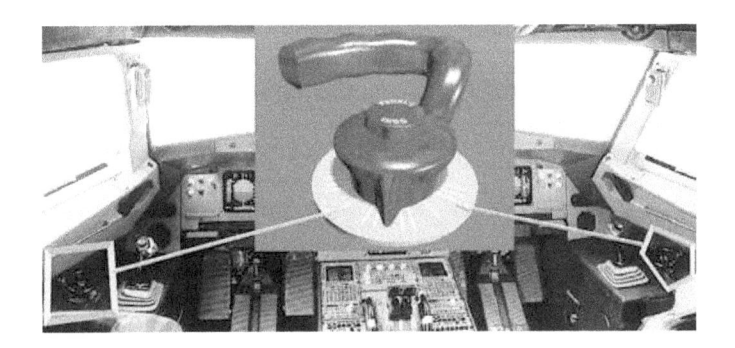

Der Parkbremshandle befindet sich ebenfalls auf dem Zentral-Pedestal.

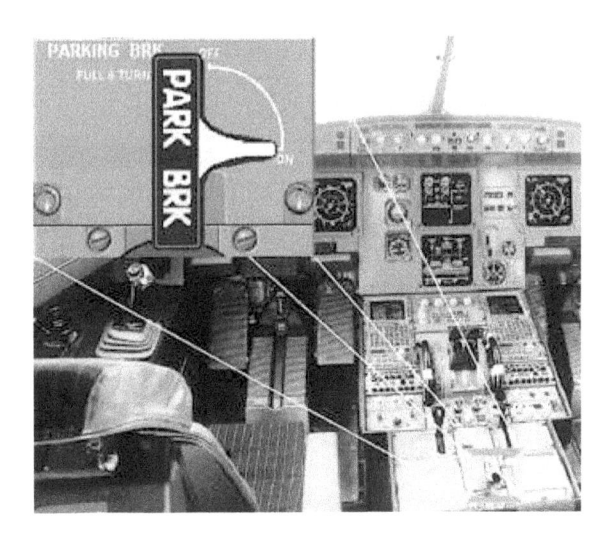

Der A320 bietet zwei Bremsmodi: NORMAL-Bremsen und ALTERNATIVE-Bremsen. Die NORMAL-Bremsen werden vom GRÜNEN Hydrauliksystem betrieben. Die ALTERNATIVE-Bremsen, zu denen auch die Parkbremse gehört, werden vom GELBEN Hydrauliksystem betrieben.

Navigationssystem

Das Navigationssystem ist in drei Hauptgruppen unterteilt: Luftdaten und Trägheitsreferenz system (ADIRS) plus Standby-Instrumente, Funknavigation und zusätzliche Navigationssysteme.

Es gibt mehrere Teilsysteme innerhalb jeder Gruppe. Die erste Gruppe umfasst: Luftdaten Trägheitsreferenzeinheiten (ADIRU), Globales Positionierungs system (GPS) und Standby-Instrumente.

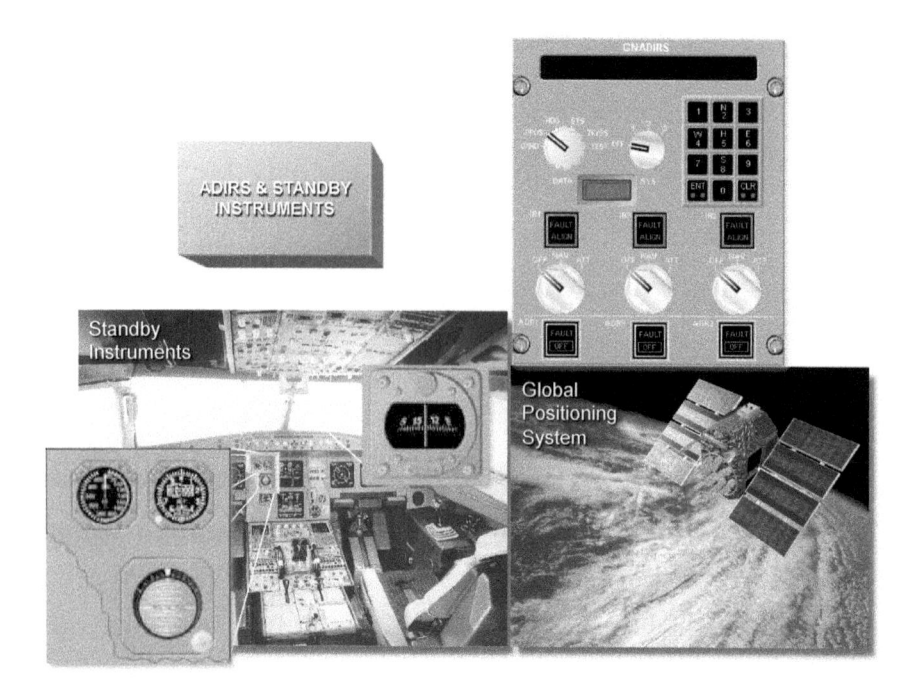

Konzentrieren wir uns auf die Funknavigation. Die Funknavigations gruppe umfasst: Funknavigationshilfen, Funkhöhenmesser und digitalen Distanz- und Funkmagnetischen Indikator (DDRMI).

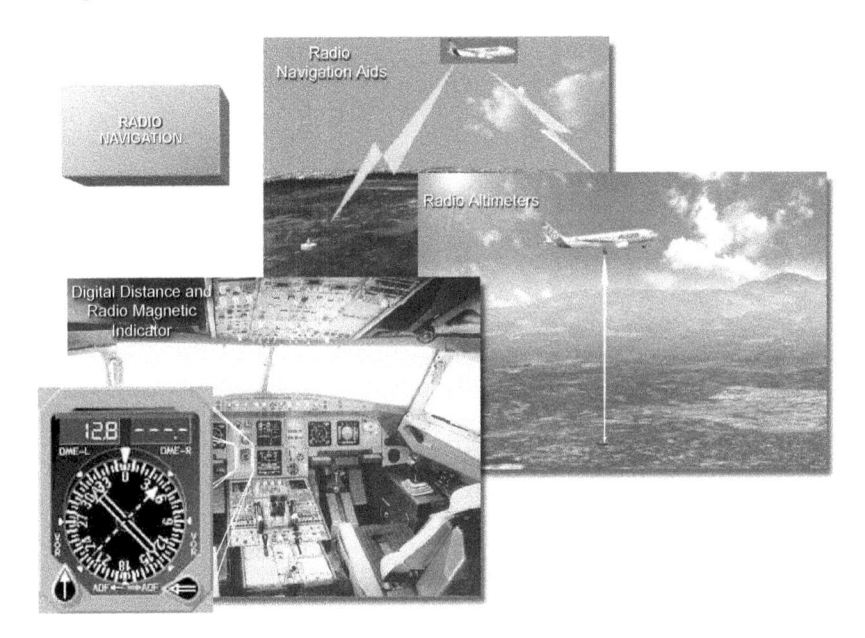

Die zusätzlichen Navigationssysteme umfassen: Bodenproximity Warnsystem (GPWS), ATC-Transponder und Wetterradar.

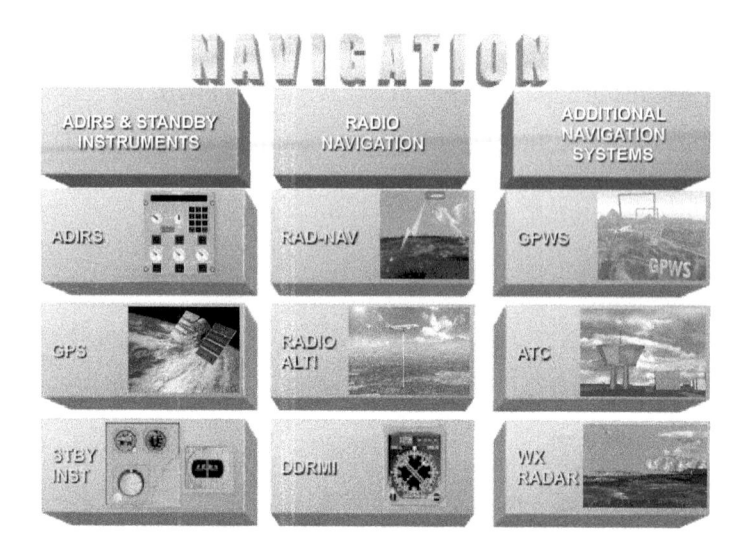

Der Zweck des Air Data Inertial Reference Systems (ADIRS) besteht darin, Luftdaten und trägheitsbasierte Informationen an das EFIS-System, das FMGC und andere Benutzer zu liefern.

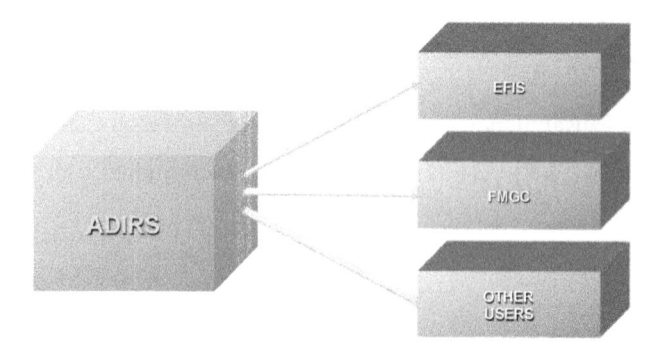

Der A320 ist mit drei separaten, aber identischen Luftdaten-Trägheitsreferenzeinheiten ausgestattet.

Jede ADIRU kombiniert einen Luftdaten Referenzcomputer (ADR) und ein Laser-Gyroskop Trägheitsreferenzsystem (IR). Die ADR- und IR-Systeme jeder ADIRU arbeiten unabhängig voneinander, und der Ausfall eines Systems führt nicht zum Ausfall des anderen Systems.

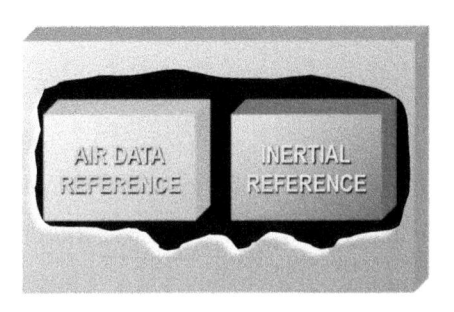

Der ADR-Teil empfängt Informationen von den Flugzeugsonden und sensoren.

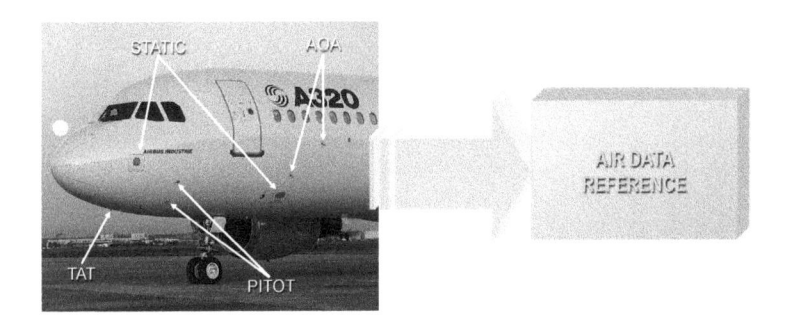

Der ADR-Teil liefert verschiedene Luftdaten an die Flight Management and Guidance Computers (FMGC) und andere Benutzer. Zu den gelieferten Luftdaten gehören: Mach-Zahl, Geschwindigkeit, Temperatur, Überschreitungswarnungen, barometrische Höhe und Anstellwinkel.

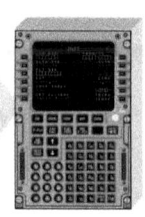

Der IR-Teil liefert trägheitsbasierte Daten an das FMGC, EFIS und andere Benutzer. Zu den gelieferten trägheitsbasierten Daten gehören: Kurs, Heading, Beschleunigung, Flugbahnvektor, Flugzeugposition, Boden Geschwindigkeit und Haltung.

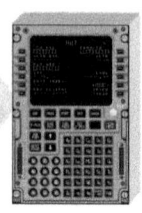

Die drei ADIRS werden über das ADIRS-Bedienfeld auf dem Overhead-Panel gesteuert.

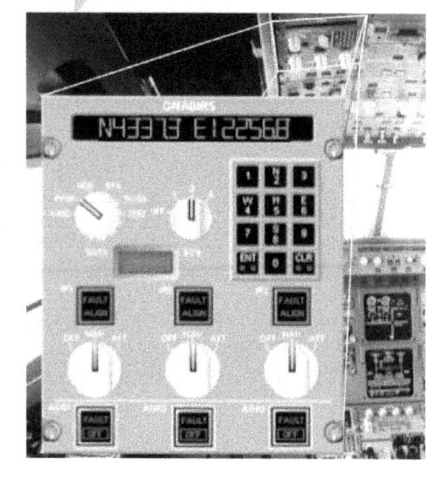

Die Initialisierung erfolgt über die beiden MCDU (Multipurpose Control and Display Units) auf dem Podest.

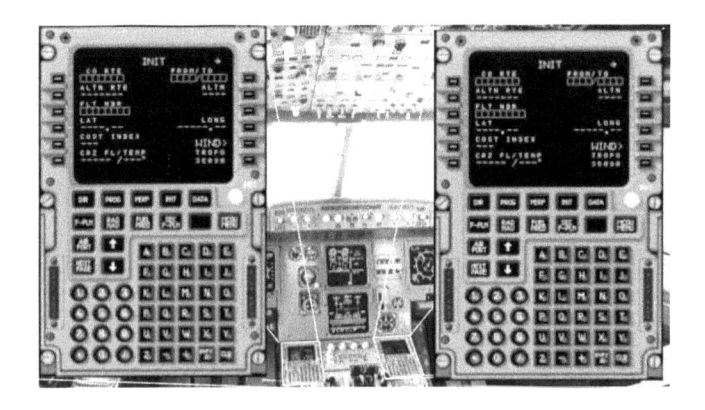

Und durch zwei der Schalter auf dem SWITCHING-Panel, das sich vorne am Podest befindet.

Unabhängige Daten werden von jeder ADIRU bereitgestellt. Lassen Sie uns ein Beispiel ansehen: Im EFIS-System liefert ADIRU 1 das EFIS des Kapitäns, und ADIRU 2 liefert das EFIS des ersten Offiziers.

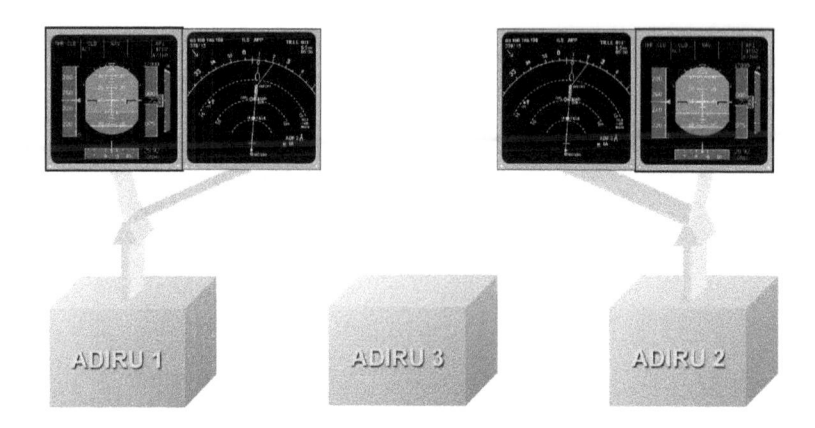

ADIRU 3 steht als Standby für eines der beiden EFIS-Systeme über das Switching-Panel zur Verfügung.

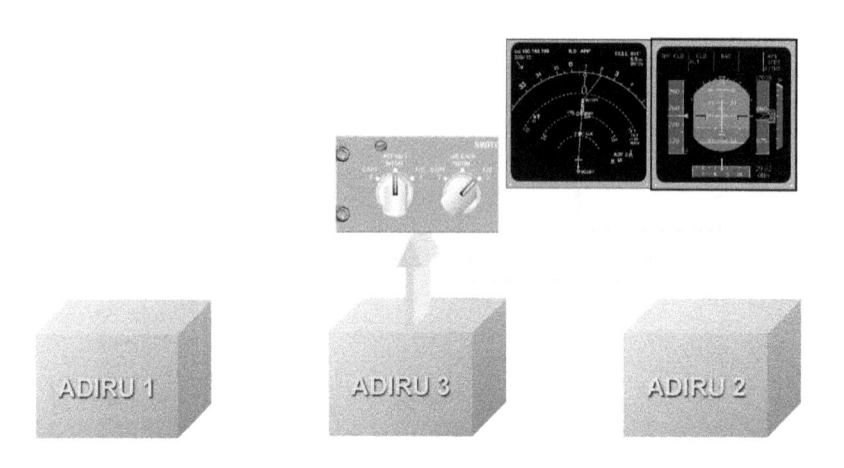

Schauen wir uns nun die ADIRS Control Display Unit an. Das Panel ist in zwei Teile unterteilt. Der obere Bereich für das IR und der untere Bereich für das ADR. Die drei Drehwahlschalter haben Kontrolle über sowohl das IR als auch das ADR.

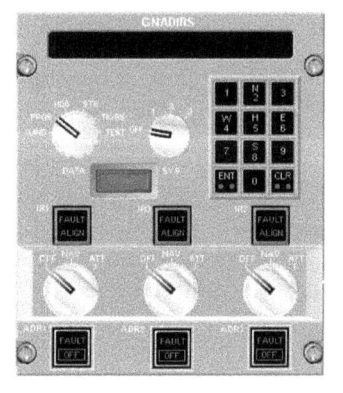

Die Steuerungen und Indikatoren für die einzelnen ADIRU sind gruppiert und in der Reihenfolge 1, 3 und 2 angeordnet.

Jede ADIRU hat einen zugeordneten IRS-Drehwahlschalter. Im „OFF"-Modus ist die ADIRU nicht aktiviert, sodass ADR- und IR-Daten nicht verfügbar sind. Die drei ADR-Schalter bleiben normalerweise eingeschaltet, können jedoch entsprechend den ECAM-Verfahren ausgeschaltet werden. Im „NAV"-Modus sind die ADIRS aktiviert.

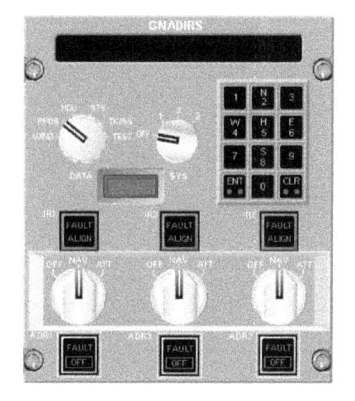

Der „NAV"-Modus ist der normale Betriebsmodus, und vollständige trägheitsbasierte Daten werden den Flugzeugsystemen zur Verfügung gestellt.

Flugsteuerungssystem

Wir beginnen dieses Modul mit einer Erklärung des grundlegenden Konzepts des "Fly By Wire"-Systems. In herkömmlichen Flugzeugen wird die Bewegung des Steuerknüppels über Kabel und Riemenscheiben übertragen, bis sie die zu bewegende Steuerfläche erreicht. Im A320 jedoch wurden die Kabel und Riemenscheiben durch elektrische Drähte ersetzt.

Die elektrischen Signale, die durch die Bewegung des Sidesticks erzeugt werden, reisen durch die Flugsteuerungscomputer, bevor sie an die hydraulischen Aktuatoren der Steuerflächen, auch als Servosteuerungen bezeichnet, weitergeleitet werden. Diese Computer analysieren das Signal, um zu überprüfen, ob es ein sicherer Befehl ist, und stellen die optimale Ausschlagbewegung der Steuerfläche für die Anforderung sicher. Dies hat Vorteile gegenüber herkömmlichen Systemen: Es macht das Flugzeug extrem stabil, erhöht die Sicherheit und reduziert die Arbeitsbelastung des Piloten.

Nun schauen wir uns die Flugsteuerflächen selbst an. Das Flugsteuerungssystem umfasst: Querruder (Ailerons), Höhenruder

(Elevators), ein verstellbares horizontales Höhenleitwerk (THS) zur Trimmung der Nickbewegung, ein Seitenruder (Rudder) und Boden-Spolier/Speedbrakes.

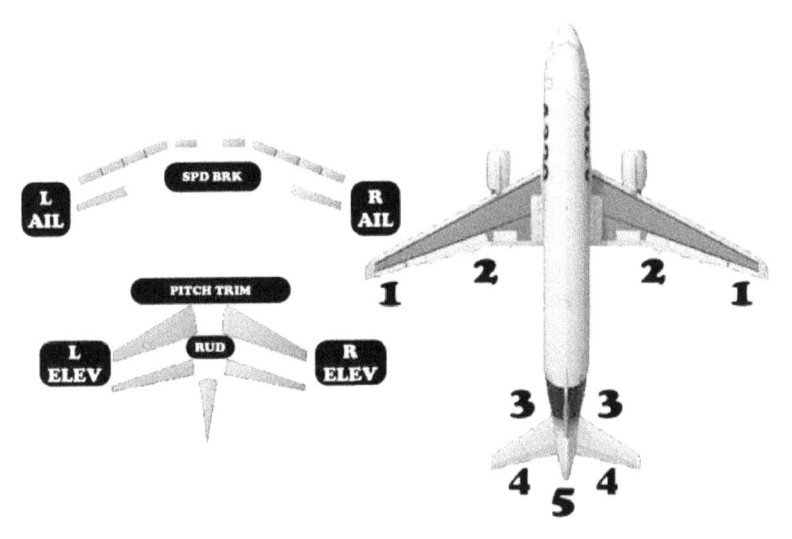

Auf der ECAM F/CTL-Seite wird die ausgefahrene Position der Spoiler durch kleine Pfeile angezeigt. Dies ist der Fall der Speedbrakes. Alle diese Steuerflächenanzeigen werden im Detail im Modul über den normalen und abnormen Betrieb erklärt.

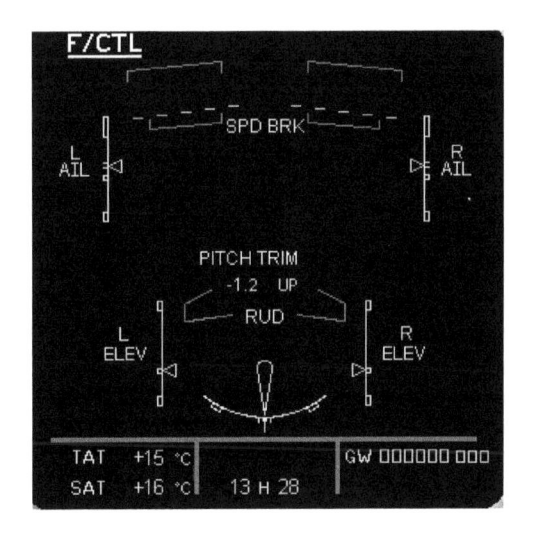

Nun werfen wir einen Blick auf die Flugsteuerungscomputer. Die Bewegungen der Flugsteuerflächen werden von sieben Computern gesteuert. Diese sind:

- Zwei Elevatoren- und Querruder-Computer (ELAC),
- Drei Spoiler- und Höhenruder-Computer (SEC),
- Zwei Flugverstärkungs Computer (FAC).

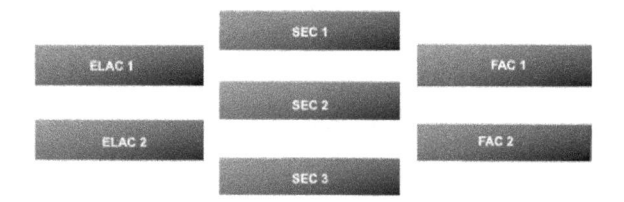

Zusätzlich werden zwei Flight Control Data Concentrator-Computer (FCDC) verwendet, um Daten von den ELAC- und SEC-Computern zu erfassen. Anschließend senden sie diese an das EIS (Electronic Instrument System).

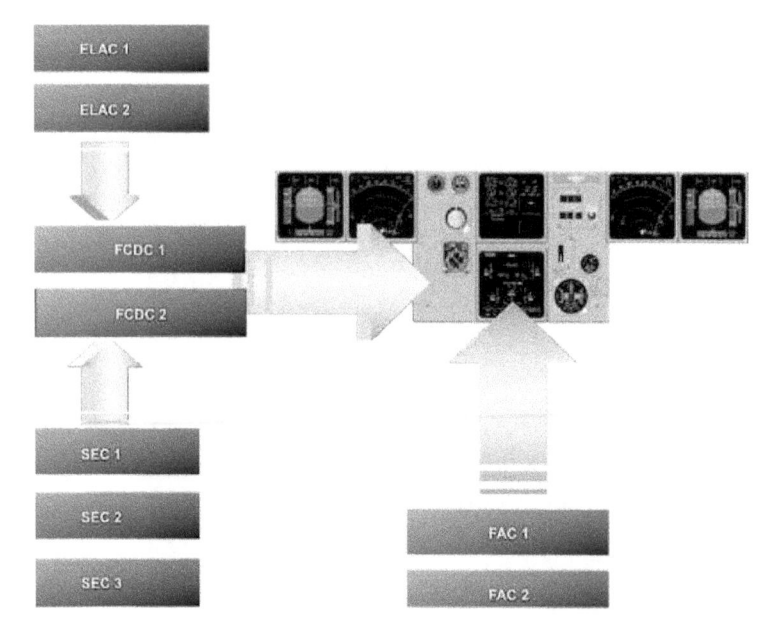

Der Status der ELAC- und SEC-Computer wird auf der ECAM F/CTL-Seite angezeigt. Die anderen Computer werden nicht angezeigt. Diese Anzeigen werden im Detail im Modul über den abnormen Betrieb behandelt.

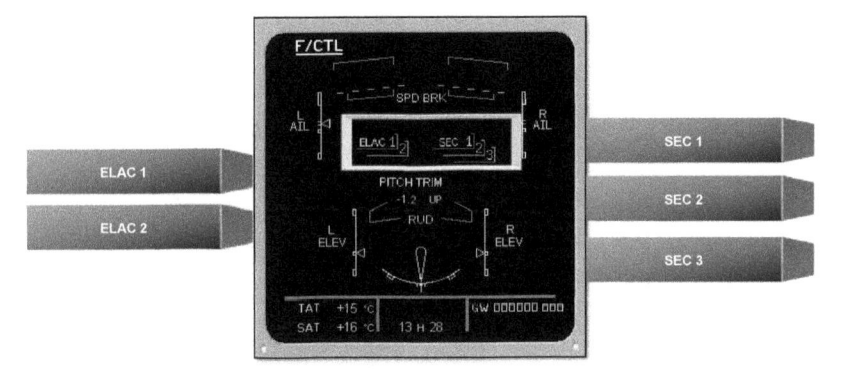

Zusätzlich gibt es zwei Panels, die sich am Overhead-Panel befinden, um die Flugsteuerungscomputer zu steuern.

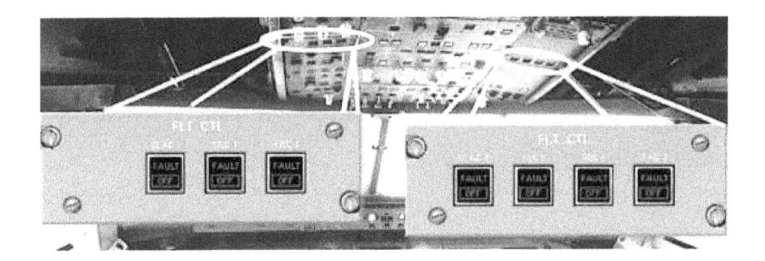

Im A320-Familienmodell werden manuelles Rollen und Nicken durch die Side Sticks (Seitengriffe) gesteuert. Diese sind federbelastet auf Neutralstellung und erhalten kein Feedback von den Flugsteuerungen. Die Bewegung eines Side Sticks bewirkt keine Bewegung des anderen.

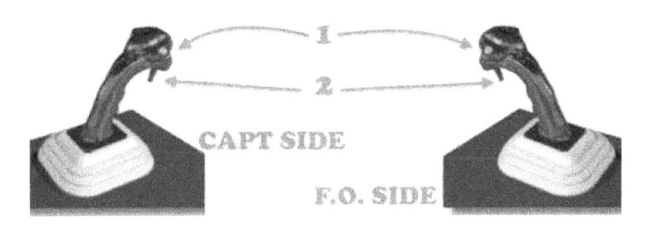

Alle Befehle des Side Sticks werden durch die Flugsteuerungscomputer verarbeitet, bevor sie an die Steuerflächen weitergeleitet werden. Wie zu sehen ist, wenn ein Side Stick nach vorne bewegt wird, bewegen sich die Höhenruder nach unten als Reaktion darauf.

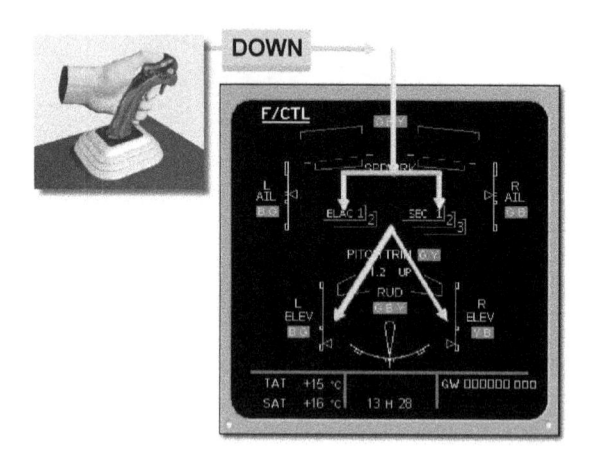

Wenn beide Side Sticks gleichzeitig betätigt werden, werden ihre Ausschläge algebraisch zusammengezählt. In diesem Beispiel, wenn die Side Sticks in entgegengesetzte Richtungen bewegt werden, bleiben die Höhenruder in der Neutralposition.

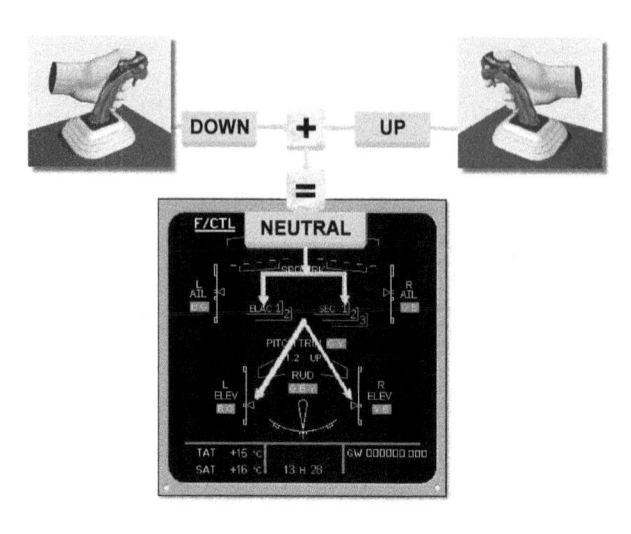

Wenn beide Side Sticks in die gleiche Richtung bewegt werden, ist die Gesamtnachfrage nie mehr als der vollständige Ausschlag nur eines Side Sticks. Hier, wenn beide Side Sticks nach vorne bewegt werden, erreichen die Höhenruder den normalen vollen Ausschlag nach unten, aber nicht mehr.

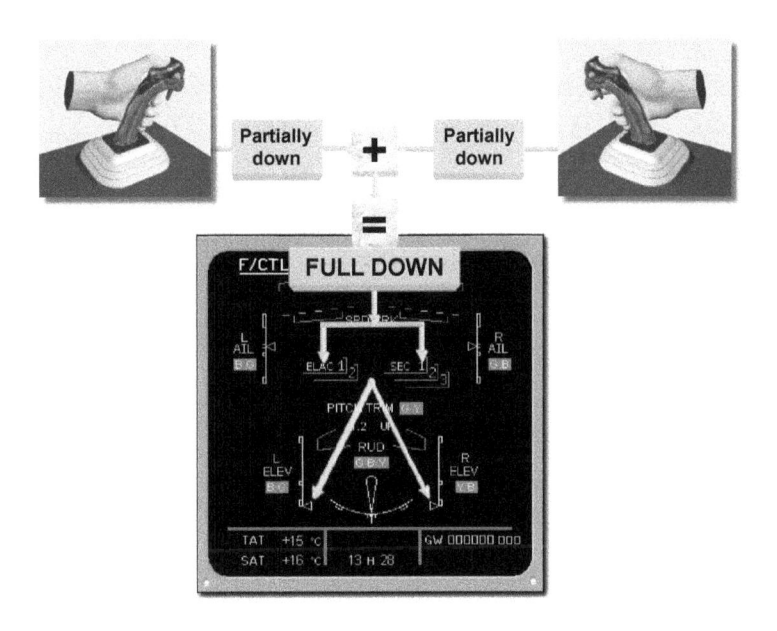

Wenn einer der Autopiloten aktiviert ist, blockieren beide Side Sticks in ihrer Neutralstellung. Beachten Sie, dass die Side Sticks, wenn der Pilot ausreichend Kraft anwendet, frei werden und der Autopilot sich mit akustischen und visuellen Warnungen deaktiviert. Der Autopilot wurde abgeschaltet. Die entsprechenden akustischen und visuellen Warnungen werden fortgesetzt, bis sie vom Crew-Mitglied abgebrochen werden. Da Sie dies viele Male in Ihren Simulator-Sitzungen durchführen werden, setzen wir nun fort mit dem *autopilot disconnect* und *take over pb*.

Eine Side Stick Prioritätslogik ist ebenfalls verfügbar. Lassen Sie uns dies im Detail studieren. Indem der Pilot einen *take-over pb* (Takeover Push Button) drückt und hält, kann er den gegenüberliegenden Side Stick deaktivieren. Akustische und visuelle Indikationen werden angezeigt, um zu erkennen, welcher Pilot die Kontrolle über das Flugzeug hat.

Lass uns fliegen!

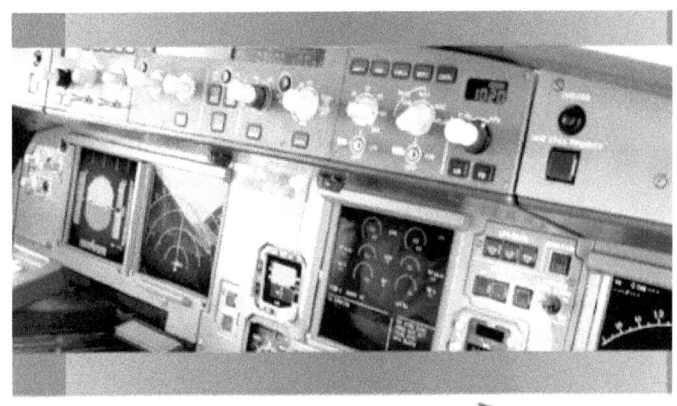

Lass uns fliegen!

Am Ende dieses Abenteuers haben wir nun die Systeme des kommerziellen Flugzeugs kennengelernt, das in den letzten Jahren am meisten geflogen wurde. Jetzt ist es Zeit zu fliegen!

Für diesen letzten Abschnitt lassen wir die theoretischen Konzepte beiseite und gehen zur Praxis über. Wir werden lernen, wie man die Triebwerke unseres A320 startet, vom Moment, in dem wir zum Flugzeug kommen, bis die Triebwerke vollständig laufen und wir bereit sind, mit dem Rollen zu beginnen.

Große Verkehrsflugzeuge, wie unser A320, erfordern bestimmte Verfahren, bevor die Triebwerke gestartet werden. In unserem Fall gibt es vier Stufen, die befolgt werden müssen:

- Cockpit-Vorbereitung
- Vor dem Start
- Triebwerksstart
- Nach dem Start

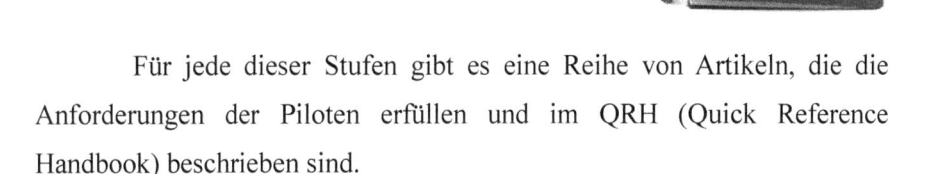

Für jede dieser Stufen gibt es eine Reihe von Artikeln, die die Anforderungen der Piloten erfüllen und im QRH (Quick Reference Handbook) beschrieben sind.

Diese Schritte werden in der Regel aus dem Gedächtnis durchgeführt und sind als „Flows" bekannt. Diese „Flows" sind eine Reihe aufeinanderfolgender Aktionen jedes Piloten, entweder um Systeme des Flugzeugs zu aktivieren oder einfach zu überprüfen.

Es gibt für jede Phase des Fluges einen Flow, und jeder Pilot hat seinen eigenen Flow. Das bedeutet, dass der Kapitän seinen eigenen Flow hat und der Erste Offizier bzw. Co-Pilot einen eigenen Flow hat. Auf diese Weise erledigen beide ihre jeweilige Aufgabe und sorgen gemeinsam für die notwendige Konfiguration des Flugzeugs für jede Phase des Fluges.

Zum Beispiel in der Phase „Cockpit Preparation" (Cockpit-Vorbereitung) sorgt der Flow jedes Piloten dafür, dass am Ende dieser Phase das Cockpit bereit ist, den Flug mit dem Start der Triebwerke zu beginnen.

Obwohl die Flows aus dem Gedächtnis erfolgen und flüssig ausgeführt werden müssen, um die Zeiten zu maximieren, beschreibt das QRH jedes zu befolgende Element als sekundäre Hilfe, um Fehler zu vermeiden.

Nur zu pädagogischen Zwecken werden wir als Beispiel die Flows des Ersten Offiziers oder Co-Piloten in jeder Phase bis zum Start der Triebwerke geben, wobei wir anhalten, um den „Step by Step"-Prozess zu studieren und zu sehen, was mit allen Systemen passiert, die an diesem Verfahren beteiligt sind.

Beginnen wir dann mit der „Cockpit Preparation" aus der Sicht des Ersten Offiziers:

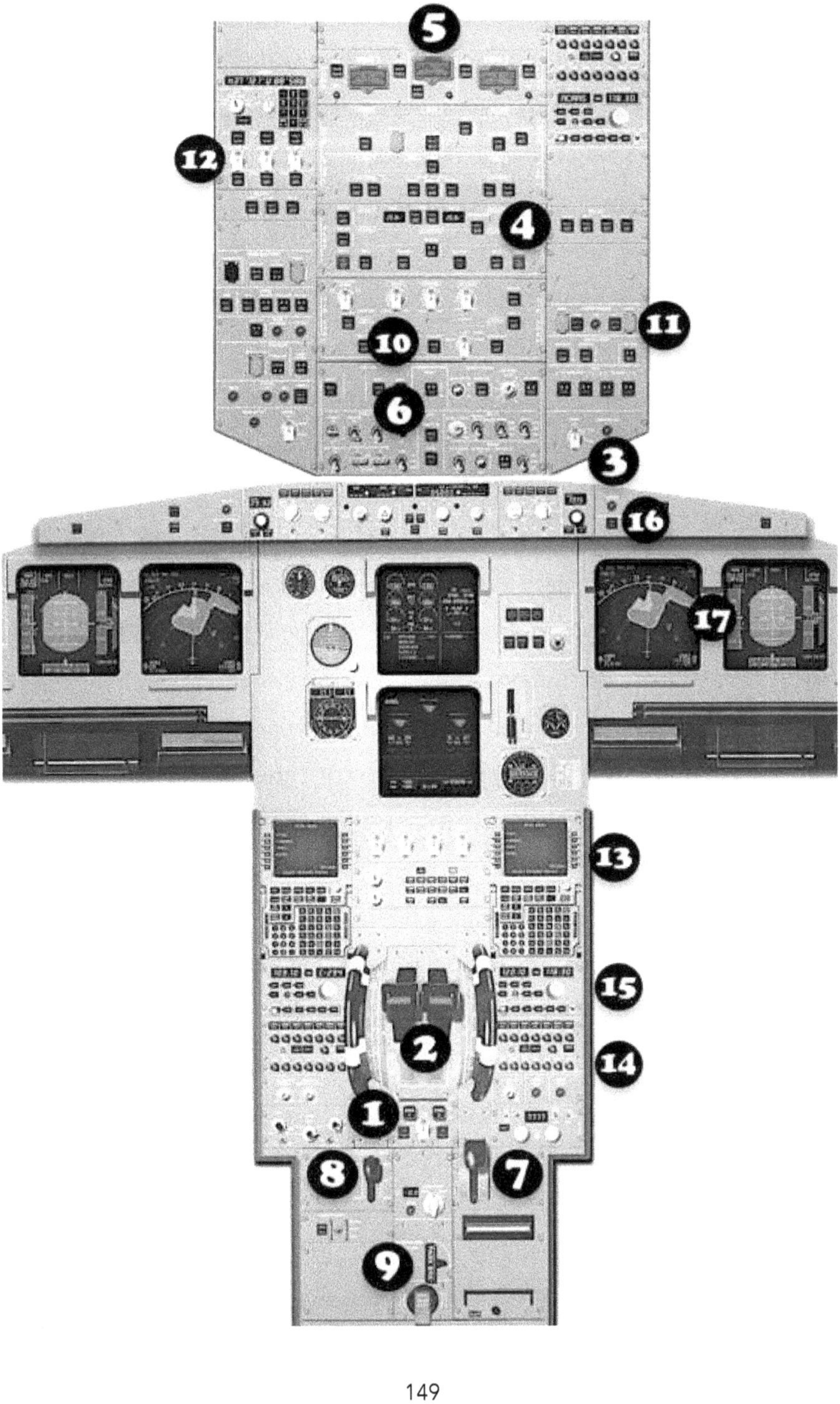
5
12
4
11
10
6
3
16
17
13
15
2
14
1
8
7
9

Der Flow beginnt im Pedestal Panel mit der Überprüfung des MASTER SWITCH auf OFF, gefolgt von der Kontrolle der Schubhebel in der IDLE-Position. Danach geht es zum Overhead Panel, wo die WIPER (Scheibenwischer) auf OFF gestellt werden, und dann weiter zum Panel des elektrischen Systems, wo die GPU (Ground Power Unit) angeschlossen wird, um das Flugzeug mit Strom zu versorgen, und die Batterieladung überprüft wird. Der Flow führt weiter zum APU FIRE TEST und geht dann zum APU-Panel, um die Zündung zu starten, wobei der Weg rechts vom APU-Panel endet, um die Innenbeleuchtung des Flugzeugs einzuschalten.

Schon bei Punkt sieben kehrt der Flow zum Pedestal Panel zurück, kontrolliert die Position der FLAPS (Landeklappen) und SPOILERS (Spoiler), stellt sicher, dass sie eingefahren sind, und setzt die PARKING BRAKE (Feststellbremse). Zurück zum Overhead Panel, wird die APU BLEED aktiviert (für die Zündung der Triebwerke), die allgemeine Kabinentemperatur überprüft, dann geht es zum Belüftungs-Panel und erreicht einen der wichtigsten Punkte: die Initialisierung der Trägheitsnavigationssysteme.

Jetzt, bei Punkt dreizehn, kehren wir zum Pedestal Panel zurück und laden alle Flugdaten in die MCDU (Multipurpose Control and Display Unit), wie Flugplan, Gewichtsangaben, Treibstoff, Geschwindigkeiten, SIDs (Standard Instrument Departures), STARs (Standard Arrival Routes) und APPROACH Charts (Anflugkarten) für Ursprungs-, Ziel- und Ausweichflughäfen, Flughöhe, Temperatur, Wind, Funknavigationshilfen, Einschränkungen wie „Engine Out SID" oder Ausfälle von Triebwerken, sowie viele andere Daten.

Von dort geht es weiter zum ACP (Audio Control Panel) und RMP (Radio Management Panel), um die Radios zu aktivieren, und dann zum letzten Arbeitsbereich, dem Flight Control Panel, wo der aktuelle QNH (Luftdruck auf Meereshöhe) ausgewählt wird, der FD (Flight Director) aktiviert wird, die ND (Navigation Display) auf die Ansicht und den Entfernungsbereich eingestellt wird und schließlich zum PFD (Primary Flight Display), um die Helligkeit je nach Tages- oder Nachtflug anzupassen.

Bis hierhin wurde der Flow der Cockpit-Vorbereitung eigenständig vom Ersten Offizier oder Co-Piloten durchgeführt, aber auch die Cockpit-Vorbereitung ist noch nicht abgeschlossen. Es bleiben zwei wichtige Punkte, die Teil dieser Phase sind, aber als Teamarbeit von beiden Piloten durchgeführt werden.

Zum einen haben wir den sogenannten „Instrument Cross Check", bei dem die Piloten bestätigen, dass mit demselben QNH beide PFDs die gleiche Höhe anzeigen. Und schließlich haben wir das „TakeOff Briefing", eine kurze Besprechung durch den PF (Pilot Flying), bei der die Schritte für einen normalen Start und die Schritte bei einem Start mit Anomalien mündlich erklärt werden.

Die „Cockpit Preparation" ist abgeschlossen!

Nun gehen wir zur nächsten Phase des Fluges über, die als „Before Start" (Vor dem Start) bekannt ist. Für diese Phase, bevor die Triebwerke gestartet werden, ist der Flow viel einfacher als der vorherige, da die Kabine und die Systeme fast bereit sind! Schauen wir uns das an:

152

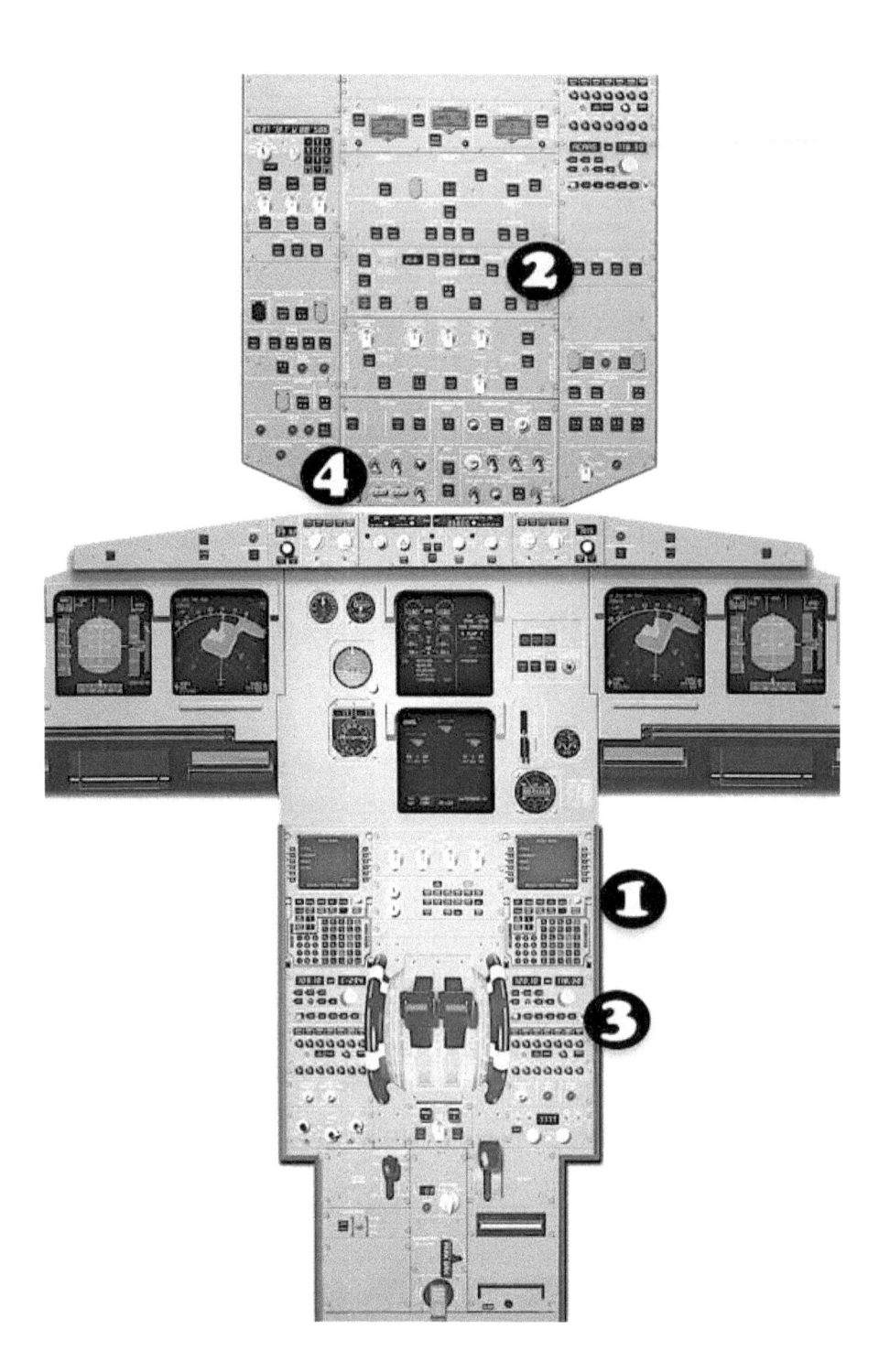

Der Flow vor der Zündung der Triebwerke umfasst vier wichtige Schritte. Der erste Schritt ist die Berechnung und das Laden der Startdaten, einschließlich der Geschwindigkeiten, Endgewichte und Streckendaten, die alle in die MCDU (Multipurpose Control and Display Unit) eingegeben werden müssen. Der zweite wichtige Schritt besteht darin, die GPU, die zuvor in der Kabinenvorbereitung angeschlossen wurde, zu trennen. Danach kehren wir zum RMP (Radio Management Panel) zurück, um die korrekte Frequenz auszuwählen und die Genehmigung für den Start des Triebwerks und das Starten der Triebwerke anzufordern. Schließlich, sobald wir die Genehmigung erhalten haben, den Vorgang zu starten, kehren wir zum Overhead Panel zurück, um das BEACON-Licht einzuschalten und damit dem Bodenpersonal anzuzeigen, dass wir mit dem Triebwerksstartvorgang beginnen.

Bis jetzt haben die Flows die Kabine für jedes Verfahren vorbereitet. Um die Triebwerke zu starten, muss der entsprechende Flow befolgt werden, den wir aus pädagogischen Gründen überspringen und stattdessen jeden Schritt analysieren, um zu sehen, wie sich das System vor jeder Aktion des Piloten verhält. Lassen Sie uns beginnen!Zu Beginn war das Flugzeug vollständig ausgeschaltet, vor der Cockpit-Vorbereitung. Teil unseres Flows war es, das Flugzeug mit Strom zu versorgen, indem wir die GPU (Ground Power Unit) einschalteten. Schauen wir uns an, was passiert, wenn die GPU mit dem Flugzeug verbunden wird und dann eingeschaltet wird:

In diesem Bild sehen wir, dass der ECAM-Bildschirm ausgeschaltet ist, aber oben am EXT PWR-Schalter leuchtet die AVAIL-Anzeige, was bestätigt, dass das Wartungspersonal die GPU mit dem Flugzeug verbunden hat und diese nun bereit ist, eingeschaltet zu werden.

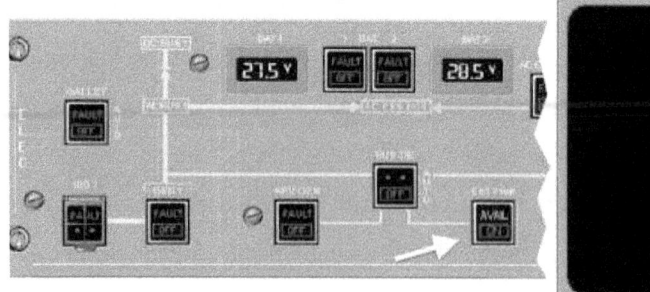

Wenn der EXT PWR-Schalter betätigt wird, um die GPU (Cockpit-Vorbereitung) zu aktivieren, beginnt das Flugzeug, mit Strom versorgt zu werden, und die Bildschirme werden eingeschaltet:

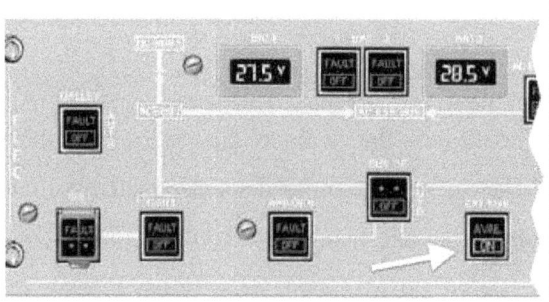

Hier sehen wir, dass die AVAIL-Anzeige am EXT PWR-Schalter erlischt und die ON-Anzeige eingeschaltet wird, was bestätigt, dass das System nun vom Flugzeug verwendet wird.

Eine der grundlegenden Aufgaben der "Cockpit Prep" ist es, das Flugzeug mit einem elektrischen System (GPU) und einem pneumatischen System (APU BLEED) zu versorgen, um die Triebwerke zu starten. Da der APU BLEED bereits in der Cockpit-Vorbereitung eingeschaltet wurde, sind wir nun bereit, die Triebwerke zu starten.

Dazu werden wir das automatische Zündsystem verwenden und beobachten, wie sich die Triebwerksparameter gemäß den Informationen von FADEC (Full Authority Digital Engine Control) in der ECAM ändern.

Der erste Schritt zum Starten der Triebwerke besteht darin, den ENG MODE SELECTOR (Triebwerksmodusschalter) vom NORMAL-Modus auf den ING / START-Modus zu drehen. Schauen wir uns an, was passiert:

Bevor der Schalter gedreht wird, sind die Triebwerksparameter auf dem E/WD (Engine/Warning Display) alle mit Kreuzen versehen und es sind keine Informationen sichtbar. Wenn der Pilot den Schalter in die IGN / START-Position bewegt, aktiviert er das FADEC-System, und es beginnt, Informationen im ECAM bereitzustellen. Schauen wir uns das an:

Im ECAM Warning Display verschwinden die Kreuze und die Triebwerksparameter beginnen zu erscheinen, zunächst sind alle aus, aber sichtbar. Auf der anderen Seite werden beim Auswählen des IGN / START-Modus auch andere Triebwerksparameter auf der ENGINE-Seite des ECAM-Systems angezeigt.

Der nächste Schritt besteht darin, den Master-Schalter jedes Triebwerks zu aktivieren, aber bevor wir fortfahren, lassen Sie uns die Informationen auf den beiden ECAM-Bildschirmen über die Triebwerke und ihre verschiedenen Variablen ansehen:

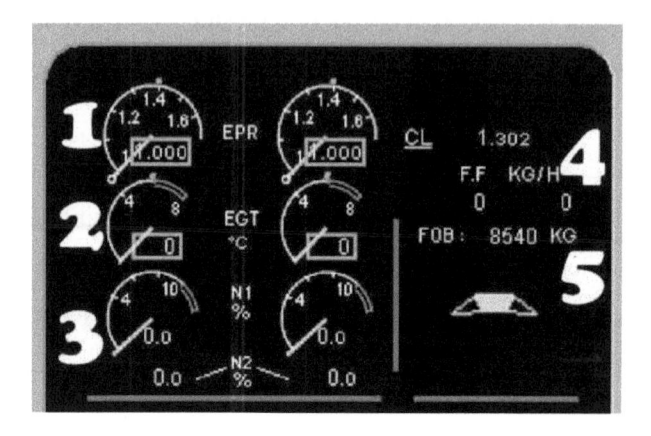

Punkt eins stellt das EPR (Engine Pressure Ratio) der beiden Triebwerke dar. Die Anzeige in Punkt zwei bezieht sich auf die EGT (Exhaust Gas Temperature) der beiden Triebwerke. In Punkt drei finden wir die Anzeige der Werte für N1 und N2, und schließlich stellen die Punkte vier und fünf die Treibstoffwerte dar, FF (Fuel Flow) pro Triebwerk und FOB (Fuel On Board) für den gesamten Treibstoff an Bord.

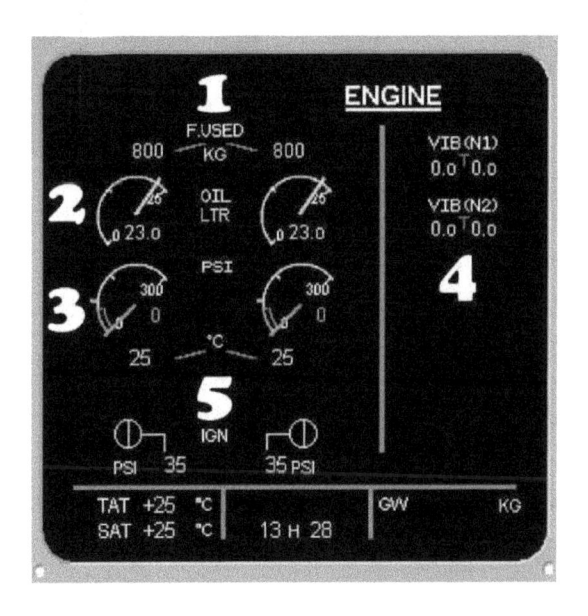

Direkt unter dem E / WD wird der ECAM-Bildschirm aktiviert und zeigt die ENGINE-Seite mit folgenden Informationen an: **Punkt eins** zeigt den aktuell verbrauchten Treibstoff an. **Punkt zwei** zeigt die Ölmenge pro Triebwerk. **Punkt drei** zeigt den Öldruck an. **Punkt vier** zeigt die Vibrationen jedes Triebwerks. **Punkt fünf** ist die wichtigste Anzeige für den Zündvorgang: Sie zeigt den Zündstatus der Triebwerke, entweder A oder B, wie wir zuvor besprochen haben. Das gesamte FADEC-System (Full Authority Digital Engine Control) ist nun bereit, den Start eines Triebwerks zu initiieren. Wir beginnen mit Triebwerk Nummer zwei. Dazu muss einfach der MASTER SWITCH von OFF auf ON geschaltet werden, indem der Drehknopf angehoben wird.

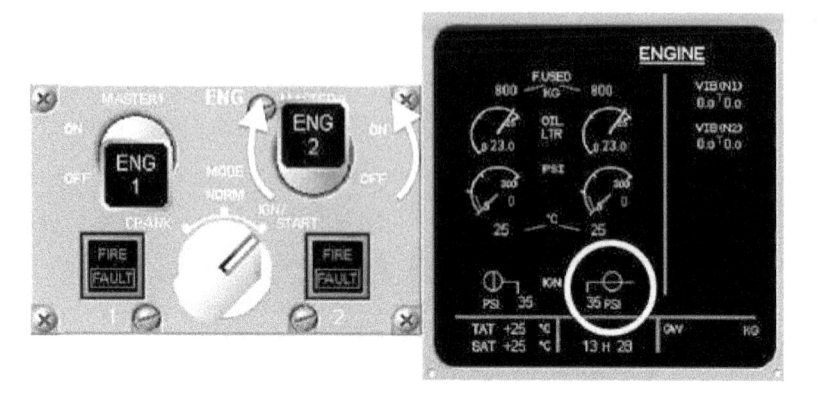

Die erste Anzeige, die ihre Information ändert, ist das **START VALVE** im Zündbereich auf dem ECAM, das von der geschlossenen in die offene Position wechselt. Am Ende dieses Prozesses erscheinen weitere Indikationen. Schauen wir uns das an:

Üblicherweise wird der Zündvorgang mit Triebwerk Nummer zwei gestartet, um das gelbe Hydrauliksystem zu druckern und die Nutzung der elektrischen Pumpe zur Druckversorgung dieses Systems freizugeben.

Nach dem Öffnen des START VALVE wird der **Fuel Used** auf Null zurückgesetzt, wie in Punkt eins der folgenden Abbildung dargestellt:

Im Anschluss daran sehen wir in Punkt zwei die erste Anzeige für den ansteigenden N2-Wert. Wenn wir den ECAM Lower Display weiter betrachten, sehen wir in Punkt drei, dass der Öldruck zu steigen beginnt. In Punkt vier sehen wir die erste Anzeige des N1-Werts, gleichzeitig wird das Zündsystem B aktiviert (Punkt fünf) und der Zündvorgang beginnt. Wenn dieser erfolgreich abgeschlossen ist, sehen wir in Punkt sechs die Anzeige des Fuel Flow und schließlich beginnt der EPR in Punkt sieben zu steigen. Sobald der N2-Wert 43% erreicht hat, schließt sich das **START VALVE** und beendet den Zündvorgang. Der N2-Wert steigt weiter auf etwa 58% und stabilisiert sich, wobei das Triebwerk vollständig läuft und betriebsbereit ist.

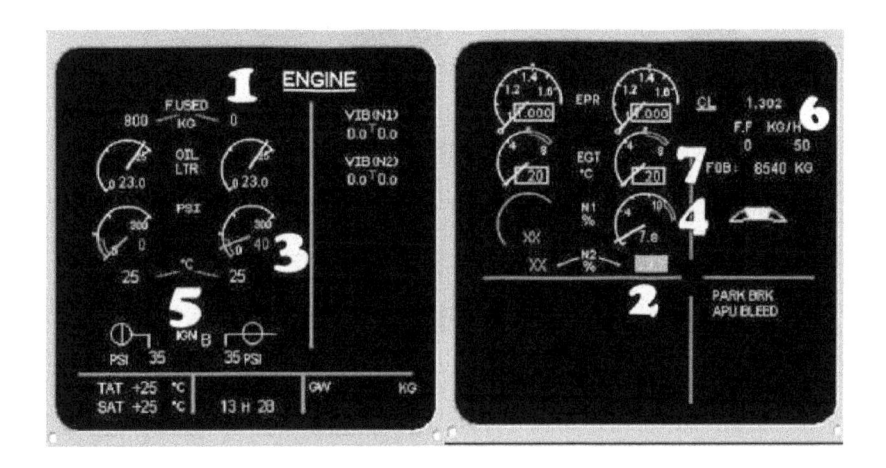

Der nächste Schritt wird der gleiche Zündvorgang für Triebwerk Nummer eins sein, um beide Triebwerke zu starten. Wir lassen diesen Schritt aus pädagogischen Gründen weg, da er exakt dem vorherigen entspricht, aber mit den Werten und Anzeigen des Triebwerks Nummer eins.

Sobald beide Triebwerke ihre N2-Werte stabilisiert haben und vollständig laufen, erscheint in der unteren rechten Ecke des ECAM Lower Display die Information über das **GW (Gross Weight)** oder das Gesamtgewicht des Flugzeugs, wie im Bild durch den Kreis markiert.

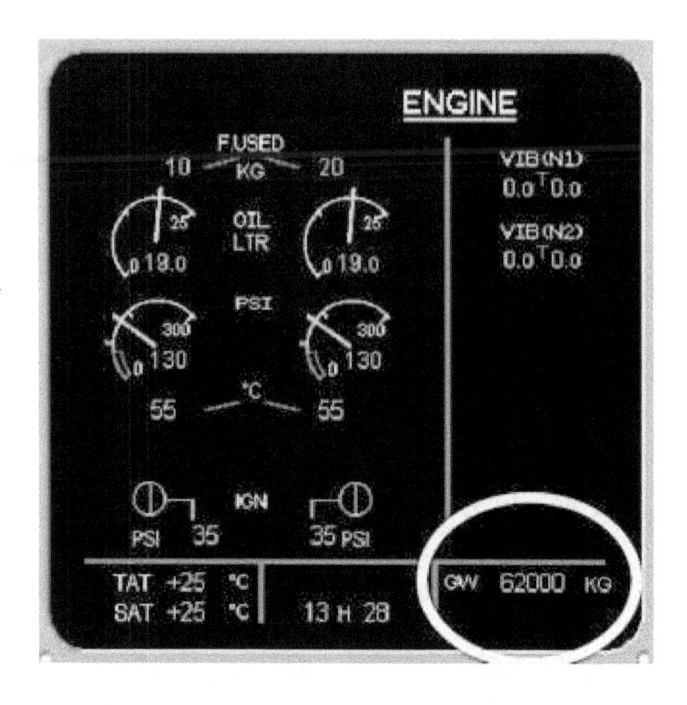

Zum Abschluss des Prozesses müssen wir lediglich den **ENG MODE SELECTOR** zurück in die NORMAL-Position schalten, indem der Drehknopf nach links gedreht wird.

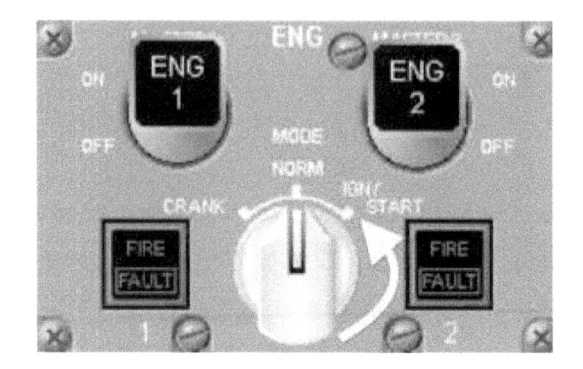

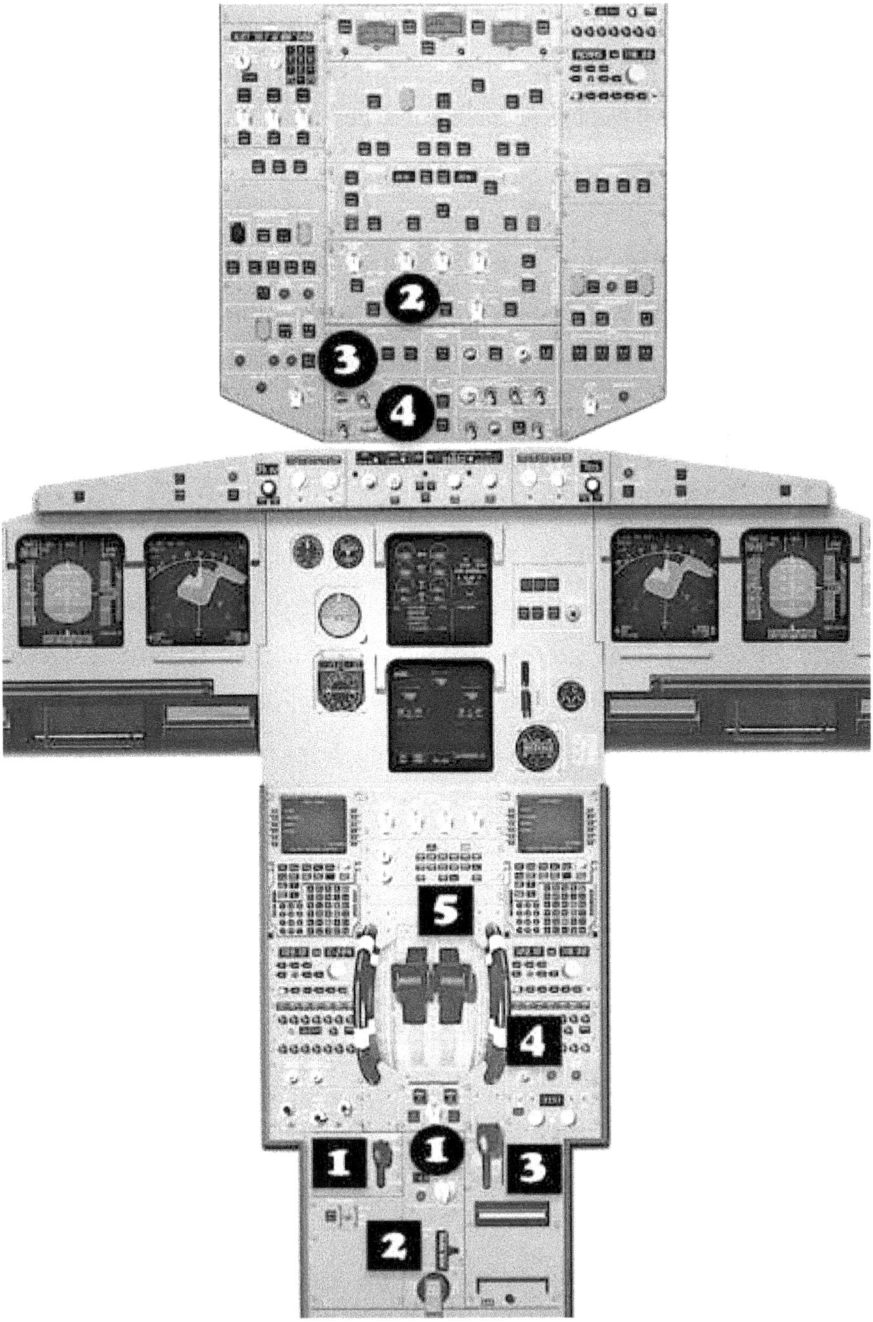
2
3
4
5
4
1
1
3
2

In den folgenden Abschnitten werden die Flows des Kapitäns und des Co-Piloten gezeigt, wobei jeder Schritt des Triebwerksstarts und der Vorbereitung des Flugzeugs genau beschrieben wird.

Der Flow des Kapitäns beginnt mit dem Schritt, den ENG MODE SELECTOR-Drehknopf von der IGN / START-Position in die NORM-Position zu drehen, was Punkt eins innerhalb des Kreises darstellt. Danach geht er direkt zum Overhead Panel, um den **BLEED APU** in Punkt zwei zu deaktivieren. Weiter geht es auf dem Overhead Panel zu Punkt drei, bei dem die **ANTI-ICE-Systeme** nach Bedarf aktiviert werden. Schließlich endet sein Flow bei Punkt vier, wenn er die APU vollständig ausschaltet.

Der Flow des Co-Piloten beginnt damit, die **SPOILERS** in Punkt eins einzustellen, dann geht es zu Punkt zwei, um die **RUDDER TRIM** zurückzusetzen. In Punkt drei wird die gewünschte **Flap-Einstellung** vorgenommen, in Punkt vier wird der **Pitch Trim** für den Start eingestellt, und der Flow endet mit der Auswahl und Beobachtung zweier Bildschirme im ECAM. Zuerst die **DOORS-Seite**, um zu bestätigen, dass alle Türen geschlossen und alle Notrutschen bewaffnet sind. Dann die **STATUS-Seite**, um den Status des Flugzeugs zu überprüfen.

Herzlichen Glückwunsch! Wir haben die Triebwerke eines A320 gestartet, und das Flugzeug ist nun bereit zum Rollen!